内蒙古土地资源调查监测数据综合分析研究

靳晓雯　图木　苑杨　主编

北　京
冶　金　工　业　出　版　社
2025

内 容 提 要

本书以内蒙古自治区为例，并选取呼伦贝尔为典型区，开展自然资源调查监测数据分析工作，书中涉及第三次国土调查的一手数据及结合社会、经济、管理等相关的二手数据。通过数据变化分析得出全区及典型区域自然资源状况变化情况；同时借助数学模型反应地区部分自然资源状况的协调性情况、开发利用程度情况，以期为后续政策制定及相关研究提供数据基础。

本书可供从事自然资源、土地资源等相关专业领域管理及科技工作者阅读，也可供大专院校相关专业师生参考。

图书在版编目（CIP）数据

内蒙古土地资源调查监测数据综合分析研究／靳晓雯，图木，苑杨主编 . —北京：冶金工业出版社，2025.1
ISBN 978-7-5024-9845-0

Ⅰ . ①内…　Ⅱ . ①靳…　②图…　③苑…　Ⅲ . ①土地资源—资源调查—数据分析—研究—内蒙古　Ⅳ . ①F323.211

中国国家版本馆 CIP 数据核字（2024）第 082589 号

审图号：蒙 S （2024）39 号

内蒙古土地资源调查监测数据综合分析研究

出版发行	冶金工业出版社	电　　话	（010）64027926
地　　址	北京市东城区嵩祝院北巷 39 号	邮　　编	100009
网　　址	www.mip1953.com	电子信箱	service@ mip1953.com

责任编辑　王雨童　美术编辑　吕欣童　版式设计　郑小利
责任校对　郑　娟　责任印制　禹　蕊
北京建宏印刷有限公司印刷
2025 年 1 月第 1 版，2025 年 1 月第 1 次印刷
710mm×1000mm　1/16；11.5 印张；221 千字；172 页
定价 79.00 元

投稿电话　（010）64027932　投稿信箱　tougao@cnmip.com.cn
营销中心电话　（010）64044283
冶金工业出版社天猫旗舰店　yjgycbs.tmall.com
（本书如有印装质量问题，本社营销中心负责退换）

《内蒙古土地资源调查监测数据综合分析研究》
编 委 会

主　　编：靳晓雯　图　木　苑　杨

副主编：（按姓氏笔画排序）

王　晶　　王常顺　　布仁吉日嘎拉

孙彦飞　　李立强　　杨俊杰　　庞欣超

姚喜军　　袁继英　　聂　淼　　贾来根

萨仁高娃　　彭晓娟　　靳延平

编　　委：（按姓氏笔画排序）

王　蔷　　王宏磊　　王宝龙　　云　浩

云宇田　　乌云嘎　　石　锋　　包斯琴

刘恩茂　　李　耀　　李高峰　　灵　灵

何满鱼　　张春颖　　张春霞　　张裕凤

范海娇　　周瑞平　　赵欣宇　　姜亚东

奚梦迪　　高　洁　　浩日娃　　陶继睿

鲍　音

前　言

党的十九届三中全会审议通过了《深化党和国家机构改革方案》，组建自然资源部，对土地、水、森林、草原、湿地等资源调查职责进行了整合，赋予自然资源部统一开展自然资源调查监测评价的职责。2018年7月，第三次全国土地调查工作通气会上指出：我国将构建"统一组织开展、统一法规依据、统一调查体系、统一分类标准、统一技术规范、统一数据平台"的"六统一"自然资源调查监测体系，彻底解决各类自然资源调查数出多门的问题，全面查清各类自然资源的分布状况，形成一套全面、完善、权威的自然资源管理基础数据。2019年，党的十九届四中全会审议通过的《中共中央关于坚持和完善中国特色社会主义制度、推进国家治理体系和治理能力现代化若干重大问题的决定》明确提出要加快建立自然资源统一调查、评价、监测制度，健全自然资源监管体制。

开展自然资源调查监测数据研究，以第三次全国国土调查为契机，将"水、森林、草原、湿地"等作为"山水林田湖草沙生命共同体"的重要组成部分，融合多项自然资源数量、质量、生态"三位一体"的专项调查，为实现山水林田湖草沙整体保护、系统修复及综合治理提供支撑服务。

本研究以内蒙古自治区为例探索性开展自然资源调查监测评价研究，同时选取呼伦贝尔市为典型区，通过数据收集及典型区实地调研，对土地、林草、水利、矿产等多部门数据进行整理分析，其中涉及的多种数据处理方式融合与借鉴已有多项研究成果，尝试性地对自治区及典型区自然资源保护、开发、利用状况、自然资源协调性等进行调查监测与评价，其中将多项部门数据进行融合以期得到相应科学合理的评价结果，为全国开展此类工作提供科学样本。书中所用到的图表数据来源于国土资源管理部门及相关部门统计年鉴。

　　本书编委会成员分工协作完成了课题大量数据和资料收集、调查评价、文本修改等具体工作，开展系列图件编绘、数据分析等工作。本书的撰写得到内蒙古自治区国土空间规划院领导班子成员的大力支持和耕地保护监测所及科技发展处全体同志的鼎力相助。同时也得到中国国土勘测规划院、自治区相关高校和院所专家学者的悉心指导及呼伦贝尔市自然资源局的积极协助，在此一并表示诚挚的谢意！

　　由于作者认知能力、学术水平和思想智慧有限，书中不妥和疏漏之处在所难免，望读者不吝斧正。

作　者

2024 年 11 月

目　　录

1 绪 论

1.1 研究背景、目的及意义

1.1.1 研究背景

党的十九届三中全会审议通过了《深化党和国家机构改革方案》，组建自然资源部，对土地、水、森林、草原、湿地等资源调查职责进行了整合，赋予自然资源部统一开展土地资源调查监测评价的职责。2018 年 7 月，第三次全国国土调查工作通气会上指出：我国将构建"统一组织开展、统一法规依据、统一调查体系、统一分类标准、统一技术规范、统一数据平台"的"六统一"自然资源调查监测体系，彻底解决各类自然资源调查数出多门的问题，全面查清各类自然资源的分布状况，形成一套全面、完善、权威的自然资源管理基础数据。以第三次全国国土调查数据、农林草水等部门数据为基础，探索自然资源调查监测数据分析、评价指标体系和方法研究，不断优化监测体系，满足自然资源治理体系和治理能力现代化需求，致力于自然资源统一监管、资源合理开发利用、国土空间用途管制及国土空间生态修复与保护工作。

1.1.2 研究目的及意义

土地资源调查是为了获取和建立"底图、底线、底板"，为构建统一的国土空间管控体系打好基础；而监测则是为了更好地实施管制，土地资源监测是对土地资源禀赋的认知，是在一定时间和空间范围内，利用各种信息采集和处理方法，对土地资源状态进行系统的观察、测定、记录、分析和评价，以揭示区域土地资源变动过程中各种因素的关系和变化的内在规律，展现资源演变轨迹和变化趋势，其目的是为各级资源主管部门和政府提供宏观和微观的资源现状数据和动态变化数据。

党的十九大明确了自然资源管理工作"两个统一"，即"统一行使全民所有自然资源资产所有者职责，统一行使国土空间用途管制和生态保护修复职责，着力解决自然资源所有者不到位、空间规划重叠等问题，实现山水林田湖草沙整体保护、系统修复、综合治理"。土地资源调查、监测作为土地资源管理的基础性工作，旨在全面查清土地资源空间分布、质量状况，形成全面完善的土地资源管理的基础数据，为土地资源管理、国土空间规划与用途管制、土地资源的开发及利用和生态保护修复等工作提供基础数据和技术支撑，为各级政府进行科学决策提供有力保障。开展土地资源调查监测数据研究，以第三次全国国土调查为契机，将"水、森林、草原、湿地"等作为"山水林田湖草沙生命共同体"的重要组成部分，融合多项土地资源数量、质量、生态"三位一体"的专项调查，为实现山水林田湖草沙整体保护、系统修复及综合治理提供支撑服务。将土地调查转为国土调查，再逐步向自然资源调查过渡。借助全天候遥感监测，及时掌握各类土地资源突出变化，研究拟订并适时调整监测内容与指标，提高监测的针对性和有效性，最终形成完善有效的土地资源调查监测体系。动态掌控土地资源管理和国土空间治理的现状与趋势，为国家政策或地方重大战略的实施提供决策支持，对促进土地资源合理利用和保护、提升土地资源对国民经济和社会发展的保障能力具有重大意义。

1.2 国内外研究进展

土地资源是人类生存和发展的必要条件，也是建设美丽中国、深化生态文明制度改革的根本载体。土地资源包含内容广泛，且目前没有统一分类系统。《宪法》规定，土地资源类型包括矿藏、水流、森林、山岭、草原、荒地、滩涂等7类。国外有学者按土地资源是否可再生属性，分为可更新资源和不可更新资源；也可按土地资源本身固有属性，如土地资源的可耗竭性、可更新性、可重复利用性以及发生源等，对土地资源进行详细分类，如土地资源、矿产资源、森林资源等作为耗竭性资源，太阳能、潮汐能、原子能等作为非耗竭性资源。目前，我国土地资源管理体制呈现横向适度分离、纵向相对统一的特点，即土地、森林、水、草原等土地资源分散在不同的管理部门，每个部门对职责范围内的土地资源实行资产管理和用途管制，始终存在制度藩篱和"九龙治水"的尴尬。"九龙治水"的旧案也使得土地资源调查监测工作分头组织，导致同一类土地资源调查依据、分类标准、基础不统一，调查监测在对象、范围、内容等方面存在重复和交叉以及调查结果相互矛盾的现象，土地资源开发、利用和保护没有形成一个统一整体，土地资源管理难以真正地空间落地，不利于将土地资源作为一个生命共同体进行系统治理。

1.2.1 土地资源动态监测研究

土地利用与土地覆盖是土地资源的两种不同属性，彼此之间既有区别又有联系。土地利用是人类受社会、经济方面的利益驱使，根据自己的认识和意愿对土地资源进行的一系列人为占用、开发和经营的活动（陆华丽，2008；梁治中等，2010；赵建辉等，2012），其主要影响因素包括：人类对土地资源的认识程度，开发利用土地资源的欲望和手段，经营管理土地资源的方式、方法及土地资源利用的时空尺度等。而土地覆盖是地球表面上各种地物类型的自然状态，是土地资源在经历了各种各样的内力和外力的交叉作用后自发地表现出来的结果，其最常见的表现形式有森林、草原、湖泊、河流、湿地、冰川、沙漠等（董小环，2005；尤瑞玲，2007；时嘉凯，2007）。土地覆盖对研究气候、水文、土壤等自然过程有重要意义，而土地利用对研究人类社会经济活动及其全球化影响具有举足轻重的作用。土地利用和土地覆盖不是一成不变的土地属性，它们也会随着时代的发展、社会的变迁、地质结构的改变不断地发生变化。但总的来说，土地利用变化是土地覆盖变化的主导因素，土地覆盖变化是土地利用变化的结果响应（郑海霞，2007；尤瑞玲，2007；郭振花，2008）。它们的变化机理可以这样解释：当土地覆盖状态受到来自不同社会、经济方面的人为因素的影响时，内在属性会发生渐变甚至改变，这种变化的影响经过长期的积累不断达成规模，进而发生量的改变甚至质的跨越，并最终演变为某种土地利用状态的改变，比如过度放牧、不适当开垦导致草地荒漠化、盐碱化的现象，又如大肆砍伐森林开拓农场或草场导致森林面积大幅度减少的现象。由此可见，土地利用变化与土地覆盖变化之间并无明显的分界，因此学术界常常将二者结合起来，统称为土地利用/覆盖变化（LUCC）。

1.2.1.1 LUCC 研究进展

国际上对于 LUCC 的研究跨越了半个世纪之久。20 世纪 30 年代的研究主要集中于土地覆盖类型的分区、分类及土地利用方式的探讨方面。到了 20 世纪 70 年代，全球变化研究开始广泛关注区域和尺度效应，使得 LUCC 研究进入了一个全新的阶段。大量研究发现，短尺度中大部分土地覆盖变化源于人类对土地资源的开发、利用和管控（廖杰，2008；董森等，2014）。此外，土地利用对全球变化存在着直接的影响，研究其利用方式及变化机理对解决全球化问题具有重要意义。正是由于认识到土地利用/覆盖变化过程中自然与人文因素的重要性，20 世纪 90 年代以后，许多全球变化与可持续发展研究计划都将其作为研究重点。联合国环境署以东南亚为研究区开展了土地覆被评价和模拟研究（李鲁欣，2009）；日本国家科学院以生态环境保护为主题展开了多项土地利用调查研究（刘建红，2009）；美国全球变化研究委员会以北美洲为研究区进行了详细的土地覆被变化研究（余晶，2009）；国际地圈生物圈计划（IGBP）和全球环境变化人文因素计划（IHDP）也将 LUCC 研究列为全球环境变化研究的重点项目之一（冯仕超，

2012；牛潞珍和石英，2014），并确定了其研究内容，其中包括用于案例比较研究的土地利用动力学、用于观测评价和诊断模型的土地覆盖动力学以及用于预测潜在驱动力下土地利用变化的区域和全球综合模型等（孟庆涛，2005）。在此影响下，英国、日本、加拿大、澳大利亚、西欧等国家和地区纷纷启动并开展了本国的 LUCC 监测研究。

　　我国学术界亦紧随时代的步伐，在土地利用变化监测和驱动力研究方面做出了不少的尝试和努力，至今也取得了多项研究成果。目前已出版的专著有《中国土地利用》和《1∶100 万中国土地利用图集》；已制作全国 1∶5 万主要城市土地利用图、1∶25 万省界和县界矢量图、全国 1∶200 万土地利用图等；已研制成功并投入使用了全国土地利用/覆盖变化、灾害预警、抢险对策等方面的监测系统和专家系统，建成一大批相关数据库（秦春燕，2006；索俊锋，2006；申圆圆，2008）。

1.2.1.2　"3S" 技术在 LUCC 研究中的应用

　　目前，对地观测的支撑技术主要包括全球定位系统（GPS）、地理信息系统（GIS）和遥感（RS），简称"3S"技术。"3S"因其强大的对地观测能力、空间信息分析能力及专题信息提取能力成为 LUCC 研究不可或缺的实用技能。具体到土地监测过程中，"3S"主要应用于以下 4 个方面：

　　一是遥感信息的获取。20 世纪 90 年代以来，各种高空间分辨率影像（如分辨率为 0.69m 的 Quick bird 影像、分辨率为 2m 的 Spin-2 影像及分辨率为 2.5m 的 SPOT5 影像等）和高时间分辨率影像（如每天可过境 4 次的 MODIS 影像、每天过境 1 次的 Rapid Eye 影像和 Pleiades-1 影像等）卫星相继发射，为遥感信息的获取提供了广阔的平台。因此，该阶段的工作主要是通过 RS 技术从遥感信息平台上获取研究区影像，通过 GPS 及多种探测技术的集成获取准确的研究区界限、地面控制点、高程数据等信息。

　　二是遥感信息的处理。随着计算机图像处理技术、数字成像技术、光存储器的发展，RS 和 GIS 软件（如 ENVIERDAS、ArcGIS、MapInfo 等）也在不断更新和完善以适应遥感技术的发展，目前这类软件可实现空间数据的统计分析、水文分析、建模分析等多种功能。此外，在信息提取、模式识别、采集与组织、空间数据的转换与处理、空间数据的可视化表达、三维分析、地统计学分析等方面也已研制出很多先进的方法和算法，并能够与多种图像处理软件和数据库兼容（许格峰，2003；刘永霞等，2005）。因此，该阶段的工作就是借助 RS 软件和强大的 GIS 技术、先进的方法和算法，对研究区影像进行各种预处理操作，为下一步的研究和探索做准备。

　　三是土地利用现状遥感分类。此阶段主要是利用"3S"集成技术将搜集到的研究区辅助资料，如野外实际调查资料、社会经济普查资料等，与遥感图像进行叠加分析以提高信息的识别度和可信度，然后选用适合研究区遥感特征和土地利用现状的分类方法进行科学合理的分类。目前主要的遥感分类方法有三大类：目视解译法、计算机分类法和人机交互式解译法。其中，目视解译法需根据遥感影像的解译标志及研究人员的解译经验来获取土地专题信息（葛静茹，2007；张芳等，2009；吴海平等，2009）。该方法的精确度和可靠性较高，但工作量大、繁琐、持续时间长、受人为因素影响较大，在目视判读过程中尤其要注意了解图像内容、研究区所处的地理位置、影像比例尺、影像灰阶等信息。因此，该方法较适合面积小、类型单一、地物轮廓较规整的研究区。计算机分类方法则通过模式识别理论将遥感图像自动分成若干地物类别（邓书斌，2010）。该方法快速、便捷、高效且有一定的科学性，较适合大面积的全球及区域尺度上的土地利用分类研究。近年来，计算机自动分类方法发展十分迅速，从方法种类到操作形式、结果精度等各方面都取得了良好的成效，目前学术界应用较为广泛、认可度较高的计算机自动分类方法有模糊综合判断法、监督分类法、主成分分析法、专家知识决策树分类法、反向传播神经网络法等。但该类方法也存在一定的缺陷，整体来看主要表现为精度较差，识别度不高，分类出的集群与真实地类不符，容易受光谱特征变化的影响（王惠林，2007；王知鸶，2011）。人机交互式解译法其实是人工目视解译方法和计算机自动分类方法的结合，可以有效弥补各方法存在的缺陷，不仅节省了大量的时间和精力，又极大地提高了解译结果的精确度，因而得到了大家的一致认可。

四是土地利用变化的动态监测及成因分析。这一阶段主要是通过"3S"集成技术、数量模型、算法等快速准确地监测研究区土地利用/覆盖的变化信息、规律及发展趋势。在此基础上，分析影响土地利用/覆盖类型变化的自然、社会与经济成因，找到土地利用中存在的问题并提出相应的解决方法。

1.2.1.3 对地观测研究进展

及时掌握土地利用变化动态是国家相关部门进行土地治理和土地利用结构调整的前提条件，因此各个国家对此研究都给予了极大的重视，学术界也取得了不少的研究成果。Jensen 等（1993）利用光谱直接比较法结合计算机分类方法对湿地的变化动态进行了细致的研究。Lambin 等（2003）研究了热带地区土地利用/覆盖变化，结果表明在时间尺度上对区域土地利用变化的分析研究有助于揭示土地利用变化机理、预测其新变化。Alejandro Velazquez 等（2003）以墨西哥瓦哈卡州为研究区，利用 LandsatETM+影像，结合 300 多个地面实测样点研究了生物多样性较丰富地区的土地利用/覆盖变化过程，结果表明在过去的 20 多年瓦哈卡州的森林面积减少了近 50 万公顷。Anderson 等（2014）利用 Landsat MSS、TM、

ETM+等影像，结合实际调查和统计数据，研究了维多利亚城、塔毛利帕斯州、墨西哥地区1970年、1980年、1990年、2000年的土地利用情况，并重点探究了人类迁徙对土地的影响。

近年来，我国在土地利用遥感监测研究方面开始重点关注全球变化、区域土地利用监测及变化机理。王桥等（2003）综合运用景观生态学理论与"3S"技术，系统研究了我国西部地区生态环境现状及其变化动态。李晓兵等（2004）利用NOAA/AVHRR卫星逐月归一化植被指数对我国区域土地变化动态分异规律进行了研究，结果表明土地利用变化幅度从东南到西北呈递减趋势。席冬梅（2007）以美国陆地卫星TM影像为数据源，采用人机交互式解译方法获得了内蒙古中西部地区2000~2005年的土地利用现状和变化信息，研究了该地区土地利用变化的动态规律及驱动力因子，并初步开发了土地利用信息查询系统。于开芹（2009）利用泰安市1990年、2005年、2007年的土地利用数据库，分析了该市土地利用变化的时空演化特征、转化过程、变化趋势及驱动机制。李璇琼（2010）以1994年、2007年和2008年的Landsat TM影像为数据源，通过模型模拟分析了都江堰市14年来的土地利用变化动态并预测了该市未来65年的土地变化趋势。焦继宗和王乃昂（2012）应用TM和SPOT影像的融合方法提取出了民勤绿洲的土地覆盖类型，同时采用多种土地变化监测模型揭示了1991~2010年间民勤绿洲土地类型的年际变化，利用模型模拟了该地2011~2030年土地利用的空间格局及演变趋势。陈笑筑（2014）以黄果树景区为例，将生态足迹理论和信息熵理论应用到旅游景区土地利用的变化研究中，结果表明该方法可有效地反映土地利用及其生态承载力的变化情况。

1.2.2 森林资源监测研究

国家林业局在1998年提出建立国家森林资源综合监测体系，进行森林多资源和森林生态环境的综合和动态监测。同时，为了适应时代发展的需要，充分借鉴林业发达国家的先进经验，我国的森林资源监测体系已逐步向国际森林资源监测体系发展趋势相靠近，即：调查体系由森林资源调查向多资源综合监测发展；调查方法由常规地面调查向高新技术综合应用发展；调查内容由林木资源向多资源、多目标、多效益监测发展；分析评价由侧重森林资源向森林资源与生态状况综合评价发展（肖兴威，2005）。

1.2.2.1 森林资源调查监测种类

我国森林资源调查管理制度的基本依据是《森林法》和《森林法实施条例》，按资源管理部门的职责将森林调查划分为两类七种（寇文正，2002）：一是森林资源清查，也叫森林资源监测，俗称一类调查；二是二类调查，也叫林业规划调查；三是作业设计调查，包括伐期设计、造林设计、营业设计；四是专业调查，如土壤调查、植被调查、森林数表的编制、立地调查和更新调查等；五是森林资源评估；六是核查，包括采伐限额核查，造林、更新、飞播、封山育林的成活率和保存率实绩核查，也包括专项核查，如"三北"工程核查、退耕还林工程核查；七是专项调查，是特殊的调查，如某一地方出现了异常情况，要对它进行临时调查，主要是针对案件进行的；八是灾害损失评估，常见的有火灾损失评估和病虫害损失评估；九是工程建设验收，如生态工程验收。森林资源监测制度是我国森林资源管理的基本制度之一。我国的森林资源监测分为四类（肖兴威等，2004）：国家森林资源连续清查（简称一类清查）、森林资源规划设计调查（简称二类调查）、森林作业设计调查（简称三类调查）、森林资源状况年度核查调查（简称年度核查调查）。年度核查调查包括年度森林采伐限额执行情况，年度人工造林、人工更新、封山育林、飞播造林及保存状况，年度征占用林地情况，年度林业工程实施情况、年度森林资源管理和生态公益林管护情况等。

1.2.2.2 森林资源监测的分级体系和建设情况

关于森林资源监测体系的分级，省级属于国家监测体系还是属于地方监测体系，有不同看法。资源和生态环境监测评价包括国家级、省级、地方级三个层次（林进等，1998）。森林资源监测分为国家级森林资源监测体系和地方级森林资源监测体系，地方级森林资源监测体系再分为省级、地级、县级的森林资源监测体系（张美祥等，1993）。国家资源监测体系由中央与省两级组成，地方（三级）监测体系以地、市、州—县—乡（场）为宜，省是中央到地方的一个中间环节，地方各级必受它的约束（刘于鹤，1994；陈谋询等，1994）。地方森林资源监测有加密连续清查固定样地方法、档案更新方法。国内监测缺少基础理论—技术方法—应用系统等系统的研究，为加强地方森林资源监测工作，必须有一个能适时、综合、动态、统一反映资源各种空间状态，并将数据落实到监测单元地、市、县、乡（场）直至林班、小班（地块）的系统（陈谋询等，1994）。目前已建立的以固定样地为基础的技术体系能很好地完成宏观监测，而地方特别是县以下的基层单位对森林资源管理主要完成组织与指挥（执行）职能，需要有一定精度、间隔期短并较详细的信息，特别是基层必须落实到基本经营管理单位。

江西省形成了管理体系、技术体系、生产体系融为一体的稳定运行的监测体系（江西省林业勘察设计院、江西省森林资源监测中心，1995）。监测技术体系由5个系统组成：定期5年的省、地、县森林资源连续清查系统，定期10年的县、乡、国营林场二类森林资源调查系统，年度县级森林资源消长变化监测系统，数据处理系统，森林资源预测系统。

福建省森林资源监测体系构想是（包应森，1993）：自上而下建立"三个系统"，即森林资源连续清查系统、森林资源档案管理系统和森林资源数据处理系统；开展"三个层次"工作，即每 1 年进行森林资源变化统计、每 5 年进行森林资源连续清查复查和每 10 年森林资源小班全面调查；实现"三个结合"，即把森林资源年度统计和定期调查结合起来，把抽样调查和小班调查结合起来，把宏观控制和典型调查结合起来，构成完整的森林资源监测体系。森林资源建档采用新的技术方法计算林木蓄积量，虽然在总体上精度还比较高，但所采用的具体计算方法还不够完善，一些地方建档的林木蓄积量有所偏大（王文斌等，1993）。

浙江省的森林资源监测体系与整个国家的情况基本一样，也是从无到有，不断发展，日趋完善（浙江省林业志编委会，2001）。从 1953 年开始到目前，浙江省共进行了五次全省性的资源清查（规划设计调查，即二类调查）。1979 年，作为国家体系的一部分，建立了森林资源监测体系。1999 年开始，浙江省进行了森林资源年度监测和年度公告的试验研究。2000 年开展年度监测的实践，在国家连续清查固定样地（或称省级样地）中系统抽取了 1/3 进行外业调查和统计分析。2001~2003 在重点林区丽水市进行了连续 3 年的年度监测，每年调查丽水市内的所有省级样地。这些实践为区域性森林资源年度监测积累了宝贵的经验（张国江等，2002）。

1.2.3 草地资源监测研究

现阶段国内外草地资源监测的研究主要是通过收集卫星影像数据和地面实测数据、利用 GIS 和 RS 技术建立相关模型，在此基础上进行量化研究，实现了定性分析向定量分析的转化过程。定性方法是在确定诊断因素的时候，通过经验与知识相结合，对草地资源的质量、适宜性进行监测，常用的方法有专家咨询法、经验判断法等；定量法是在定性的基础之上，对诊断因素进行数量化，再根据诊断因素与监测结果之间的关系评定某一草地资源。定量化研究是草地科学发展现代化的重要标志之一。

在草地基况监测评估方面，Sampson 认为草地基础情况变化的重要指标之一就是土壤的形态特征；Humphrey 从草地生产的角度出发，将可利用牧草产量占总产量的百分比作为指标；Dyksterhuis 以增加种、减少种和入侵种来反映植物群落的变化和组成，并用盖度或者地上部分生物量所占的比例，揭示、衡量草地生态环境的演变情况。甘肃农业大学草原系以土地、植被、家畜为基础指标，以可食植物的组成、饲用植物产量、总盖度、生草土发育、地面状况、土壤侵蚀程度、载畜力 7 个具体因素进行分层综合监测评估。Abraham 等对澳大利亚西部的天然草地基况以土壤状况、草地植物、适口性为指标进行监测评估并且编制了监测评估的软件——RANGECON，实现了草地基本状况的程序化处理操作。此外还有 Foran 和 Tainton、Hacher、Tainton 等，Wilcox 和 Bryant、Pieper 和 Beck、Fuls，他们在草地基况的监测研究方面都有自己的特点和侧重点。

在草地生产能力监测方面，有以地上生物量与可食产量等为指标的产草量监测方法，以载畜量、营养物质以及畜产品单位为指标的监测方法，以概略养分、可消化概略养分、纯养分、总消化养分、各种能量指标等可利用营养物质为指标以及由中国科学院蒙宁综考队进一步发展以 Nehring 营养比为综合指标的草地营养类型的监测方案，以牛单位或者绵羊单位为指标的载畜量监测法，以畜产品单位为指标的畜产品单位监测法。

王昱生从草群产量、草群利用价值、草群质量以及草地生境等因素综合考虑，强调了影响草地必不可少的各种因素之间的相互因果关系与层次结构，在我国首次运用多层次模糊综合监测方法对我国北方的天然草地资源进行了综合监测，实现了综合化、多层次、数量化的监测，但是监测各因素的权重是专家经验直接赋予的，以此来构造出模糊矩阵，带有很大的人为主观性；一些因子的监测标准制定的也较笼统，具有很大的不确定性，在生产实践中操作困难。章祖同以草群饲用价值为主要因素，结合草场生境如坡度、地面状况、饮水距离等方面进行了草场评价。Thomas 和 Squies 以有效土壤水分为指标对半干旱区草地潜力进行监测。Eckhardt 和 Rooyen 通过 Braun-Blanquet 值对 Veld 草地的载畜能力等进行监测。

随着 GIS 技术的不断发展，在草地资源监测的具体技术方法上，已经利用现代高新技术对草地资源监测进行了一些研究。Graetz 和 Pech、Bosch、McNulty、Pickup 和 Bastin，已经将不同目的、不同结构和不同功能的草地资源与环境信息系统，应用于草地生产力的监测、牧草生长变化监测、立地条件评价等。在我国，李博等利用 GIS 和 RS 技术结合建立我国北方草原动态监测系统，在遥感估产、牧草长势、草畜平衡与灾害性预测预报等方面已取得了一定的成效；孙司衡等也运用 GIS 进行草地资源管理；刘纪远等对青海三江源草地进行了一系列的研究；邹亚荣、侯西勇等基于 GIS 和 RS 技术支持分别对内蒙古、新疆的草地资源进行了动态变化分析，提出了有利于本地区发展的战略决策建议。以 GIS 和 RS 为技术支撑，陈全功等确立了青海省达日县可利用草地系数，建立了草地资源的遥感动态监测模型，为区域发展提供了科学合理的依据。基于 GIS 和 RS 技术，Johnson 等进行了草地制图，利用草地土壤变化的相关数据，根据草地资源的面积变化，描述了草地土壤的退化，分析了变化的原因，并据此作出草地退化分布图；Patillo 对草地资源的监测评估和管理进行了研究，并针对牧草变异和过度放牧造成的问题进行了草地退化分级；Vetter 研究分析了盐碱草地，建立了分析模型，确定了最优放牧场。

1.2.4 水资源调查监测研究

水资源监测是对地表江河湖泊，以及埋藏在土壤、岩石的孔隙、裂隙和溶隙中各种不同形式的水进行监测。水资源调查评价旨在全面摸清近年来我国水资源数量、质量、开发利用、水生态环境的变化情况。我国分别于 20 世纪 80 年代初、21 世纪初相继开展了两次全国范围的水资源调查评价工作。涉及水资源的监测较多，包括并不限于水循环监测、水质监测、水功能区监测、饮用水源地监测、入河排污口监测、地下水监测、水生态监测等（王爱平、杨建青等，2010）。水利部自 2012 年起，依托水文局（现水利部信息中心）开展国家水资源监控能力建设项目，建立了国家水资源管理系统框架，初步形成了与实行最严格水资源管理制度相适应的水资源监控能力。在水循环监测方面，我国从"十五"开始加强了与水相关的气象、水文观测系统的建设，发展了大量的反演模型，尤其是在蒸散和土壤含水量遥感监测方面取得了一系列重要成果（夏军、翟金良等，2011）。在水质监测方面，我国已经具备了组织机构网络化和监测分析技术体系化的雏形，形成了以流域为单元、优化断面为基础、连续自动监测分析技术为先导，以手工采样、实验室分析技术为主体，以移动式现场快速应急监测技术为辅助手段的自动监测、常规监测与应急监测相结合的监测技术路线（高娟、华珞等，2006）。地下水监测方面目前建立的模型主要包括了数理统计模型、水质模型，以及与地理信息系统和遥感相结合的综合模型。考虑污染物传输及动态影响的理论及模型还相对欠缺（郑丙辉、付青等，2007），我国国家地下水监测工程建设已于 2018 年完成，能够实现监测数据动态分析、水质水量综合评价等功能，并建立了国家—省—市县多级数据共享与异地联动的工作模式，对土地资源国家监测体系的建设有积极的参考意义。

1.2.5 自然资源监测研究

关于自然资源监测的研究是随着国家机构改革、职能调整等新形势而逐步增多的，但研究总量仍然较少，研究深度也有待加强。

理论分析的视角方面，吴凤敏等（2019）通过查阅大量文献，对自然资源调查的历史背景进行全面摸底，在此基础上总结当前自然资源调查分类体系、调查方法以及自然资源管理存在的问题等，提出未来自然资源调查监测工作建议。崔巍（2019）从调查与监测的基本词义辨析、自然资源的基本概念和分类出发，针对当前自然资源主管部门涉及的土地、森林、草原、湿地、水、海洋、矿产等七大自然资源类型，经过系统调研，分析了调查与监测的区别与联系，并结合"两统一、六方面"职责要求定位，提出了自然资源监测方面的建议。

方法及技术分析的视角方面，王占宏等（2019）则从数据体系、技术能力和应用需求等方面分析了自然资源调查监测和地理空间大数据的关系，提出了由全天候立体化监测网、自然资源调查监测大数据仓库及自然资源调查监测大数据计算中心和自然资源调查监测大数据服务平台组成的自然资源调查监测地理空间大数据技术架构。张志刚等（2019）基于"3S"技术，采用遥感监测技术手段获取周期监测数据源，利用移动 GIS 与 GNSS 相结合的方法进行外业调查，并根据调查结果建立并及时调整数据库，通过自然资源与水资源监测调查，表明建设自然资源一体化监测调查体系的必要性与可行性。

1.3 研究方法和技术路线

1.3.1 研究方法

1.3.1.1 聚类分析法

聚类分析指将物理或抽象对象的集合分组为由类似的对象组成的多个类的分析过程。它是一种重要的人类行为。目标就是在相似的基础上收集数据来分类，将数据分类到不同的类或者簇这样的一个过程，所以同一个簇中的对象有很大的相似性，而不同簇间的对象有很大的相异性。传统的统计聚类分析方法包括系统聚类法、分解法、加入法、动态聚类法、有序样品聚类、有重叠聚类和模糊聚类等。采用 k-均值、k-中心点等算法的聚类分析工具已被加入到许多统计分析软件包中，如 SPSS、SAS 等。

1.3.1.2 层次分析法

层次分析法（AHP 法）是一种解决多目标的复杂问题的定性与定量相结合的决策分析方法。该方法将定量分析与定性分析结合起来，用决策者的经验判断各衡量目标能否实现的标准之间的相对重要程度，并合理地给出每个决策方案的每个标准的权数，利用权数求出各方案的优劣次序，比较有效地应用于难以用定量方法解决的综合评价。

采用层次分析法建立调查监测评价指标体系。将指标体系分为三个层级，分别是目标层、准则层和指标层。目标层即为土地资源状况综合评价。准则层分为四个方面，即土地资源基本状况、土地资源开发利用与保护、土地资源协同协调、土地资源响应。梳理目前的土地资源相关的调查监测数据，针对土地资源调查着重梳理全国土地调查、地理国情普查、林业资源普查、水资源普查及全面调查、全国湿地调查、地质矿产调查、草原资源普查、海洋资源和环境普查等调查监测数据；梳理整合充分利用遥感数据产品，主要包括数字高程、生态系统分布、植被覆盖度和净初级生产力等；充分利用社会经济数据，主要包括人口、粮食种植面积、固定资产投资和生产总值等统计数据；在进行全区土地资源调查监测数据分析评价前，充分整合并利用所能应用的各个方面的数据资源。

1.3.1.3 综合评价法

综合评价法是指运用多个指标对多个参评单元进行评价的方法。其基本思想是将多个指标转化为一个能够反映综合情况的指标来进行评价。即将土地资源的基本状况、土地资源的开发利用保护、土地资源的协同协调、土地资源的响应综合成一个指标数值，进而评判评价区域单元土地资源的优劣性。

1.3.1.4 单指标时间序列分析法

采用水平分析法、速度分析法等时间序列分析方法对研究区重要的单指标进行分析。研究重要土地资源的变化趋势及规律，探寻土地资源的时序分析特点。

（1）水平分析法：可针对土地资源基本状况指标、土地资源开发利用与保护指标、土地资源协同协调指标和土地资源响应指标等时间序列数据进行水平分析，包括发展水平和平均发展水平分析、增长水平和平均增长水平分析。

（2）速度分析法：用于对土地资源发展速度和增长速度进行分析。主要包括发展速度与增长速度、平均发展速度与平均增长速度。

（3）分解分析法：在时间序列中，各个时期的发展水平受到各种因素的共同影响，土地资源调查监测各个指标数据也存在长期趋势、季节变动、循环变动和比规则变动等影响因素，对时间序列数据进行分解分析能够明确其内在发展规律。

1.3.1.5 耦合协调度分析法

耦合由物理学借鉴而来，指两个或两个以上系统，通过各种作用相互影响以至于联合起来的现象。耦合度是系统间相互影响的程度，协调是两个或两个以上系统在不同强度耦合作用状态下相互配合与协同状况，用来表示系统与系统之间的良性关系。耦合协调度是衡量不同耦合度下各个子系统配合协作的状态水平。

1.3.2 技术路线

技术路线如图 1-1 所示。

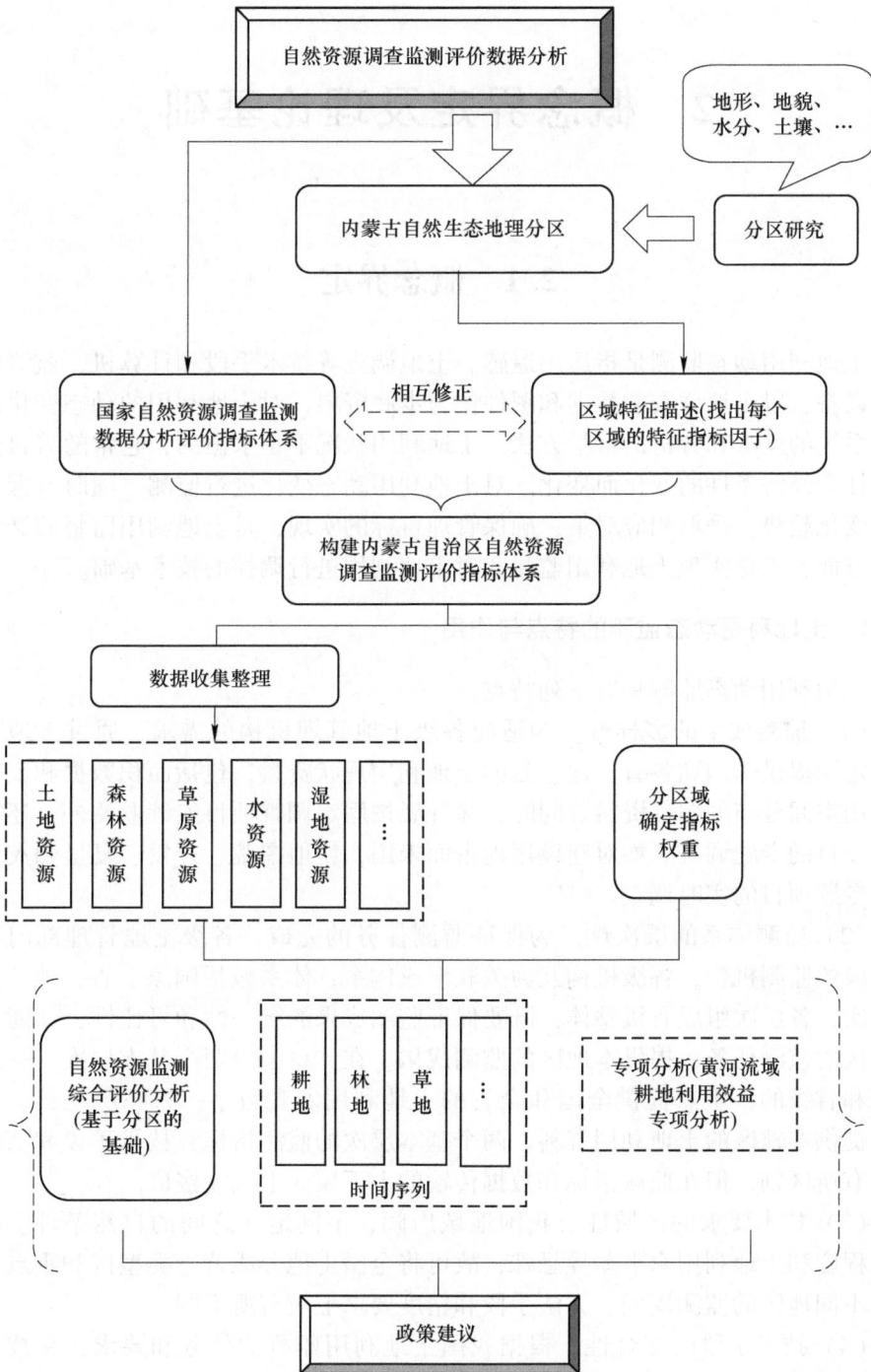

图 1-1 技术路线图

2 概念界定及理论基础

2.1 概念界定

土地利用动态监测是指运用遥感、土地调查等技术手段和计算机、监测仪等科学设备，以土地详查的数据和图件作为本底资料，对土地利用的动态变化进行全面系统的反映和分析的科学方法。土地利用状况不是永恒的，它常随着自然条件和社会经济条件的变化而变化。对土地利用动态变化进行监测，随时掌握土地利用变化趋势，采取相应对策，确保管理目标的实现，是土地利用监督的又一个主要方面，也是实现土地利用监督和对土地利用进行调控的技术基础。

2.1.1 土地利用动态监测的特点与作用

土地利用动态监测具有下列特点：

（1）监测成果的多样性。为适应各级土地管理机构的需求，通过土地利用监测定期提供全国和各省、地、县的土地利用现状资料，包括面积数据和反映土地利用空间分布的图件资料。同时，除开展按固定调查项目连续监测外，还需做固定项目的专题调查。如对建设用地占而未用，耕地撂荒、开发、复垦和灾害毁地等专题项目的实时调查。

（2）监测体系的层次性。为保证监测任务的完成，各级土地管理部门都应有相应的监测机构，各级机构互为关联形成体系，体系包括国家、省、地、县若干层次，各层次组成有机整体，既要保证监测成果的统一性和可比性，又能开展本辖区的监测任务，提供本地区的监测成果。在体系中分两个基本层次，一层是国家和省级的，重点提供全国和全省的土地利用宏观数字；另一层是县、乡级的，提供本辖区的土地利用资料。两个基本层次的监测指标、技术手段和精度要求上有所区别，但在监测指标和数据传输的上下层面上应能接口。

（3）技术要求的区域性。我国地域广阔，不同地区之间的自然条件、经济发展程度和土地利用水平差异悬殊，故可将全国土地分成若干类型区和重点监测区，不同地区的监测周期、方法手段和精度要求上应有所不同。

（4）技术手段的综合性。根据我国土地利用监测的任务和要求，在技术手段上宜采用卫星遥感、航空遥感、抽样调查和实地调查相结合的方法，发挥各自优势，以求得总体功能上满足各项需要。

土地利用动态监测的作用主要有：保持土地利用有关数据的现势性，保证信息能不断得到更新；通过动态分析，揭示土地利用变化的规律，为宏观调控提供依据；能够反映规划实施状况，为规划信息系统及时反馈创造条件；对一些重点指标进行定时监控，设置预警界线，为政府制定有效政策与措施提供服务；及时发现违反土地管理法律法规的行为，为土地监察提供目标和依据，等等。

2.1.2 土地利用动态监测的目的

土地利用动态监测的目的在于能及时地掌握土地利用及其时空动态变化状况，有效地利用土地资源，使其发挥最佳利用效益。目前我国开展的土地利用动态监测主要是对耕地和建设用地等土地利用变化情况进行及时、直接和客观的定期监测，检查土地利用总体规划和年度用地计划执行情况，重点核查每年土地变更调查汇总数据，为国家宏观决策提供比较可靠、准确的依据。

2.1.3 土地利用动态监测的内容

土地利用动态监测的主要内容包括：

（1）区域土地利用状况监测。通过土地利用状况的监测，来反映土地利用结构的变化，对土地利用方向的变化进行控制和引导。监测重点是耕地变化和建设用地扩展。耕地减少的去向主要是非农建设占地和农业结构调整，农业结构调整占用耕地，有可逆性特点，耕地尚能恢复，而被非农建设占用，耕地就难以恢复。所以监测非农建设用地扩展是重点。

（2）土地政策措施执行情况监测。政策的制定依靠准确的信息，同时信息又是执行政策的反馈。土地利用动态监测是获取土地信息和反馈土地政策、检验土地管理措施执行结果的主渠道。如规划目标实现情况监测、建设用地批准后的使用情况监测、土地违法行为监测等。这一类的监测一般是专题监测。

（3）土地生产力监测。土地生产力受制于自然和社会经济两大因素，呈现出动态变化。尤其是自然因素对土地生产力的影响，主要影响因素是气候和大气条件。如干旱、异常的大暴雨和降雪量明显增多，冷暖急剧交替等。这些因素的变化还会在地区间、年际间表现出明显的差异。另外，砍伐森林、灌溉田野、建设城市、疏干沼泽等人类活动也会导致近地面气层的温度、空气湿度、风速等的小气候变化，从而影响农业生产的地域环境。气候条件又直接影响土壤风化，影响土壤物质移动的特点和土壤中水、气、热的状况，从而使得农用地生产力呈现动态变化。这就需要进行动态监测，掌握生产力动态变化的方向与规律，为调整生产力布局和确定合理对策提供依据。如《基本农田保护条例》中规定，县级以上地方各级人民政府农业行政主管部门应当逐步建立基本农田保护区内耕地地力与施肥效益长期定位监测网点，定期向本级人民政府提出保护区内耕地地力变化状况报告以及相应的地力保护措施，并为农业生产者提供施肥指导服务。土地生产力监测的重点是土壤属性、地形、水文、气候、土地的投入产出水平等指标。

（4）土地环境条件监测。环境影响土地利用，土地也是环境的一部分。对土地环境条件的监测，重点是考察环境条件的变化、环境污染等对土地利用产生的影响。如对农田防护林防护效应的监测、基本农田保护区内耕地环境污染的监测与评价、自然保护区生态环境监测、土地植被变化监测等。除此以外，还要监测环境破坏，即指人类不合理利用环境所导致的破坏环境效能，造成生态系统失衡、资源枯竭、危及人类生存的一种环境问题，如水土流失、风蚀、土地沙化、盐渍化、地面沉降等。

2.1.4 土地利用动态监测的方法

土地利用动态监测方法依其不同标志可分为调查资料法和遥感资料法、实地调查法和遥感图像解译法、全面调查法和抽样调查法。

2.1.4.1 遥感技术

众所周知，由于遥感对地观测技术具有覆盖面广、宏观性强、快速、多时相、信息丰富等优点，因而较普遍地应用于土地调查制图和监测中。遥感技术有卫星遥感和航空遥感两种。卫星遥感资料具有空间的宏观性和时间的连续性等特点，其优势在于大面积的动态监测，主要用于土地沙化、草原退化、土壤侵蚀、沿海滩涂的开发利用、土地受灾面积等土地利用动态变化的监测。航空遥感具有分辨率高、荷载量大、机动灵活的特点，用航空遥感作点状或带状的抽样调查或典型调查，是补充和监测卫星遥感调查的必要手段，主要可用于耕地增减变化和建设用地扩展速度的监测，农田防护林系、自然保护区生态环境监测，等等。

土地利用监测对遥感资料的要求是：（1）遥感资料分辨力。衡量卫星遥感资料在土地利用监测中应用效果的主要标志是识别地类能力和地类面积量测精度。地类判读精度和面积量测精度主要取决于遥感资料的分辨力，同时也与判读地物的光谱特征有关。（2）遥感资料的覆盖度。利用卫星遥感资料进行全国或全省土地利用监测，需要定期提供其辖区内全面覆盖并具有特定时效性的遥感资料，这是开展土地利用监测工作的前提。

2.1.4.2 土地调查技术

土地调查的方法主要有普查、抽样调查、重点调查等。运用土地调查与统计可以对土地利用结构调整、土地等级变化等进行分析。一般在遥感资料的基础上，需要通过土地调查进行检查和补充。在遥感资料缺乏的地区或年份，也只有依靠土地调查来反映土地利用状况。

城镇地籍调查、土地详查、土地变更调查等一系列调查工作和历年土地统计工作目前已在全国普遍开展。利用这些数据和信息进行土地利用动态监测，也能够准确地反映出土地利用结构的变化情况且数据准确度较高，能满足土地微观管理的需要。缺点是工作量大、时点性差，仅适用于小范围的和专题性的监测，对区域性的土地利用监测不太适用。

2.1.4.3 土地信息系统技术

《土地管理法》第三十条规定，国家建立全国土地管理信息系统，对土地利用状况进行动态监测。土地信息系统本身是一门技术，可以对各种信息、数据和图形进行处理和输入输出。目前的土地利用动态监测，无论是采用遥感资料，还是土地详查成果，都需要借助信息系统和计算机对各种信息量进行处理，才能使土地利用监测快速、便捷、准确。

土地信息系统是以计算机为核心，以土地详查、土壤普查、规划、计划、各种遥感影像、地形图、控制网点等为信息源，对土地资源信息进行获取、输入、存贮、处理统计、分析、评价、输出、传输和应用的大型系统工程。土地信息系统工程的功能主要包括：存贮、自动检索、更新、三维信息共享、再生、保密等。土地信息系统是一个综合系统。与土地利用监测有关的信息系统有土地利用现状系统与规划系统、地籍系统、土地分等定级系统、土地估价系统、法规监察系统等。

2.1.4.4 动态监测预警技术

在实施土地利用动态监测时，需要对耕地的利用和保护建立专项的动态监测网络，对耕地利用系统进行预警。

耕地利用系统动态监测预警的主要内容包括警义、警源、警兆和警度等。警义是指预警的指标，这些指标包括人地关系密集度、耕地利用投入水平、生态环境背景、耕地利用效果及投资潜力。警源是指产生耕地利用系统警情的根源，可分为自然警源、外在警源和内在警源。自然警源是指各种可能引发自然灾害从而对耕地利用造成破坏的自然因素；外在警源是指由耕地利用系统外输入的警源，主要有对城市规模的不加控制、农产品价格的变化和"三废"排放等因素；内在警源则是耕地利用自身运动状态及机制，主要有耕地保护制度、地权制度、耕地开发利用行为、耕地管理行为和耕地经营收益等因素。警兆包括景气警兆和动向警兆。景气警兆一般以实物运动为基础，表示耕地生态经济系统某一方面的景气程度，如耕地面积、播种面积、耕地利用基础设施等；农产品价格、农民收入水平和征地成本等不直接表示耕地生态经济景气程度的价值指标，均属于动向警兆。警度是对耕地利用警情的定量刻画，以判定警素指标变化是否有警情或警情如何，一般分为无警、轻警、中警、重警和剧警，不同的指标，同警度的值域可能不一样，或同样的值域，不同指标的警度也不一样。耕地利用系统动态监测一般要经过确定警情、寻找警源、分析警兆、预报警度四个逻辑过程，依此来确定耕地利用变化的合理与否。

2.1.4.5   抽样调查技术

抽样调查与全面调查（普查）相比具有工作量小、速度快、费用省、实施易、质量好的特点。所谓抽样调查是指按随机原则在总体中选取一部分单位作为总体的代表所进行的一种专门组织的非全面调查。抽样调查是以一部分单位的有关指标去推算总体情况。

抽样调查的基本做法可采用每年进行小样本调查，推断全国土地（或耕地或农用地）利用变动。每 5~10 年开展较大样本调查，推断全国与各省土地利用变动，同时，根据土地管理要求在 5 年内可增加 1~2 次全国性的专门针对非农占地变动的抽样调查，用于推断全国与各省的非农占地变动情况。根据我国情况，采用分层多级抽样，综合考虑精确度和费用，确定将县级单位作为初级抽样单位，以乡级单位作为二级抽样单位，在乡级单位内以村级单位作为未级抽样单位即基本的样本点，在其中进行土地测量以取得所需要的调查数据。

2.2   理论基础

2.2.1   可持续发展理论

2.2.1.1   可持续发展思想的提出

20 世纪五六十年代，随着经济增长，环境污染日益严重，世界上先后出现了伦敦烟雾、洛杉矶光化学烟雾、四日市哮喘病、熊本水俣病等一系列公害事件。这些事件唤起了民众对环境和生态问题的关注。从 60 年代起，在欧美发达国家中，民众自愿发动了声势浩大的"生态运动""绿色运动""绿色运动"提出了"绿色至上"的口号，认为环境保护是人类最重要的任务，应当优先于其他社会发展项目加以考虑，经济发展要服从于环境保护这一最高原则。这股席卷全球的绿色浪潮，对于可持续发展问题的提出及可持续思想的形成产生了重大影响。

自 20 世纪 60 年代起，生态学家、经济学家、环境学家、社会学家等开始审视和反思工业经济中普遍盛行的"不可持续发展战略"，研究和探索人类社会的可持续发展道路。第一个给人类敲响警钟的是美国海洋生物学家卡逊，他的著作《寂静的春天》一书通过对农药特别是有机氯农药污染物迁移、转化过程的揭示，说明了环境污染对生态系统的影响，指出由于这些农药对许多生物的威胁使原本生机勃勃的春天变得寂静了，进而阐明人类同大气、海洋、河流、土壤、动物和植物之间的密切联系。该书引发了人们对人类活动和社会发展关系的激烈讨论。在研究人口、资源、环境与经济发展方面，第一个有影响的研究成果则是

1965 年美国经济学家鲍尔丁发表的题为《一门科学——生态经济学》的重要论文。在论文中，作者提出了著名的"宇宙飞船经济理论"，他把人类赖以生存的最大生态系统——地球，比作茫茫太空中一艘小小的宇宙飞船。人口和经济的不断增长，最终会使这艘小船内的有限资源耗竭，人类生产和消费所排出的废弃物将使船舱内完全被污染。鲍尔丁的论文发表后，在世界上引起了极大反响，人们开始意识到经济发展中生态问题的严重性，解决人类长远发展的资源支撑危机迫在眉睫。

1968 年，意大利咨询公司董事长奥莱里欧·佩发依博士邀请 30 位知名学者组成罗马俱乐部，开始对人类长远经济发展面临的问题进行系统研究，从而为可持续发展理论的产生奠定了初步基础，罗马俱乐部也因此而闻名于世。

1972 年，以美国麻省理工学院的丹尼斯为首的一个 17 人小组向罗马俱乐部提交了关于人类困境研究的报告，发表了《增长的极限》论著，提出了著名的"增长极限论"，认为影响经济增长的五个主要因素：人口增长、粮食供应、资本投资、环境污染和资源耗竭，其增长都呈指数型且相互联系，据此他们借鉴系统动力学分析方法，建立了世界模型。

1972 年 6 月联合国在受酸雨危害最严重的国家瑞典，召开了人类历史上第一次"人类与环境会议"，通过了著名的《人类环境宣言》，提出了"只有一个地球"的口号，揭开了人类采取大规模行动保护环境、拯救地球的序幕。自此，既要推动经济和社会发展，又要保护资源和生态环境，使社会经济发展与资源、环境保护相协调的持续发展问题日益引起国际社会的普遍关注。

2.2.1.2 理论的形成与推广

20 世纪 80 年代初，可持续发展的理论研究有了重大突破。1981 年，世界观察研究所所长、美国农业科学家莱斯特·R. 布朗出版了《建立一个持续发展的社会》一书，第一次较全面地论述了可持续发展问题及其实现途径。

1973 年联合国在第一次人类与环境会议后，专门成立了环境规划署（UNEP）；1983 年又成立了世界环境与发展委员会（WCED），要求该委员会以可持续发展为基本纲领，领导制定全球的变革日程，并同时要求世界环境与发展委员会与环境规划署合作编制《环境前景》报告。三年后，该组织向第 42 届联合国环境与发展会议提交了一份题为《我们共同的未来》的研究报告。1992 年世界环境与发展大会以可持续发展为指导方针，制定并通过了《21 世纪议程》和《里约宣言》等重要文件。

由此可以看出，可持续发展问题的提出、可持续发展思想的形成，是人类在环境问题遍及全球并愈演愈烈的现实中，采取各种科学技术手段去解决而又未能根本解决的情况下，在反思人类文明的发展历程，特别是自工业革命以来所走过的发展道路以后，所达成的共识。

2.2.1.3 理论的内涵与特征

可持续发展观的提出为人类解决面临的困境指明了道路，有史以来，很少有一个概念像可持续发展一样，能够在全球范围内引起如此广泛的关注和讨论。巴波（Barbier，1989）在其著作中，把可持续发展定义为："在保护土地资源和质量和其所提供服务的前提下，使经济发展的净利益增加到最大限度"。经济学家皮尔斯（D. Pearce）将其定义为"当发展能够保证当代人的福利增加时，也不会使后代人的福利减少。"1991年，国际生态学联合会（INTECOL）和国际生物科学联合会（IUBS）将可持续发展定义为："保护和加强环境系统的生产和更新能力"，即可持续发展是不超越环境再生能力的发展。同年，世界自然保护同盟（IUCN）、联合国环境规划署（UNEP）和世界野生生物基金会（WWF）共同发表《保护地球：可持续生存战略》，将可持续发展定义为："在生存不超出维持生态系统承载能力之情况下，改善人类的生活品质"。不同领域的学者对可持续发展提出了各自不同的理解，但并没有就其"定义"形成共识。目前为各界所理解并普遍接受的是以挪威前首相布伦特兰夫人为主席的世界环境与发展委员会（WCED）出版的《我们共同的未来》一书中对可持续发展所下的定义，即"既满足当代人的需求，又不对后代人满足其自身需求的能力构成危害的发展"。它包括两层含义：一是人类要发展，特别是穷人要发展；二是发展是有限度的，如果突破这个限度，必然影响自然界支持当代和后代人生存的能力。

可持续发展不否定经济增长，但需要重新审视如何实现经济增长。要达到具有可持续意义的经济增长，必须审计使用资源和原料的方式，力求减少损失、杜绝浪费并尽量不让废物进入环境，从而减少每单位经济活动的环境压力。

可持续发展以土地资源为基础，同环境承载能力相协调。"可持续性"可以通过适当的经济手段、技术措施和政府干预得以实现，目的是降低土地资源的耗竭速率，使之低于资源的再生速率和可替代资源的开发速率。

可持续发展以提高生活质量为目标，同社会进步相适应。单纯追求产值的增长不能体现发展的全部内涵。学术界关于增长和发展的辩论已达成共识：经济发展的概念远比经济增长的含义广泛。

可持续发展承认自然环境的价值，这种价值不仅体现在环境对经济系统的支撑和服务价值上，也体现在环境对生命支持系统不可缺少的存在价值上，应当把生产中环境资源的投入和服务计入生产成本和产品价格之中，并逐步修改和完善国民经济核算体系。

可持续发展的实施以适宜的政策和法律体系为条件，强调综合决策和公众参与，需要改变过去各部门封闭的、分割的、"单打一"的分别制定经济、社会和环境政策的做法，提倡根据周密的社会、经济、环境考虑和科学原则，全面的信息和综合的要求来制定政策并予以实施。

2.2.2 系统论

系统论的主要创立者是美籍奥地利生物学家贝塔朗菲，他于1945年发表了《关于一般系统论》的论文，宣告了这门新学科的诞生。经过几十年的发展和完善，系统论已经蜚声世界，并在现代科学技术群中独树一帜。系统论不仅在技术科学、自然科学和社会科学等领域结出了累累硕果，而且给人类带来了新的思想观念，并引起了思维方式的巨大变化。

2.2.2.1 系统论的基本观点

系统论的基本观点是系统论的思想基础，其源于贝塔朗菲对生物学的研究。

第一，系统观点。贝塔朗菲认为，一切有机体都是一个整体，是一个系统。生物体在时空上是有限的、具有复杂结构的一种自然整体，从一个生物体中分出来的部分，同在生物整体中发挥机能作用的部分是截然不同的。同时他认为系统所发挥出来的作用大于组成系统的各个要素作用的加和，这是因为系统间各要素是相互联系、相互作用的，系统所体现的是整体的功能和属性。系统观点是系统论的基本观点之一。

第二，动态观点。贝塔朗菲认为，系统总是处于动态的变化过程中，系统会与系统外部环境发生能量、物质、信息的交换，从而保持系统的动态稳定。因此，应该以动态的观点看待系统，而不能把它看作是静止的、一成不变的体系。

第三，等级观点。贝塔朗菲认为，系统内部各要素是按照等级组织起来的，等级间有着清晰的层次，低等级的要素逐级聚合起来，形成更高的等级，最终形成复杂的巨系统。

第四，系统效应观点。所谓系统效应，就是指系统在整体上（静态和动态）的功能效应，这是系统论的核心问题。

2.2.2.2 系统论的基本原理

系统论从贝塔朗菲创立时起，经过广大学者不断研究和发展，提出不少原理。本书中主要采用以下几个最基本的原理。

第一，系统整体性原理（又称非加和原理）。这是系统论的主要原理之一。贝塔朗菲创造性地提出：系统整体大于各孤立部分的总和。系统整体性原理通常表述为：整体大于它的各部分的总和。并把它作为系统论的一个定律。它说明系统与要素两者既彼此相关又彼此相异，它有两方面含意：其一，系统之所以成为系统，根本之处在于它具有组成部分自身所没有的整体性能，系统的整体性质和规律只存在于组成其各要素的相互联系和相互作用之中；其二，各组成部分的孤立特征和活动的总和，不能反映系统整体的特征和活动方式，要素在系统中受整体规律制约，具有它自身所没有的整体性，与它们独立存在时有质的区别。

第二，相关性原理。这一原理主要是反映系统内部各要素之间以及系统与外部环境之间的关系问题。

系统内部的各组成要素间、系统与外部环境间存在着相互作用、相互联系的不确定性关系，某些部分的变化会影响到其他部分，甚至整个系统，这种关系就叫做"相关性"。相关性原理主要从以下三个方面理解：

（1）系统是由要素构成的，没有要素就没有系统，系统依赖于要素而存在，两者相关。但系统的整体效应和规律只有在整体水平上才能显示出来，而系统的各个要素是不具备的。

（2）系统内的各要素不是消极被动而存在的，它们的性质和行为都会影响到系统整体的性质和行为，两者相关。

（3）系统内各要素的性质和行为是相互依存、相互制约的，而整个系统又与环境相互联系、相互依存，这是一种较复杂的相关性。

第三，结构与功能原理。结构与功能原理主要是反映系统的结构与功能之间规律性的关系。结构即系统内各要素的比例关系，是系统的内在形式；而功能则是特定结构下系统表现出的作用，是系统结构的外在表现。因此，结构决定功能，而功能反作用于结构，合理的结构才能保证功能的正常发挥，维护整个系统的稳定。

第四，输入输出平衡性原理。系统输入输出平衡性是针对系统与外部环境而言的，系统与外部环境间物质、能量的输入输出平衡，能够使系统处于稳定的状态，高效地运转；反之系统将逐步紊乱，最终瓦解。

第五，目的性原理。贝塔朗菲在《关于一般系统论》中指出："真正的目的性是指有目的的行动，对未来的最终结果心中有数的情况下行动；未来的目标的概念已经存在，而且影响当前的行动。"控制论创始人维纳认为，目的性就是行为客体的一种反应效应，这种反应或效应受行为结果的信息所控制。就是说，客体系统在和环境发生作用的时候，通过反馈不断调整自己的行为，使之逐渐趋向一定目标。因此，从系统论和控制论的角度看，可以认为控制系统中的一切有目的的行为都可以看作是需要反馈的行为，凡是具有反馈行为的系统都是有目的的。

第六，最优化原理。最优化原理是指，客观上的各物质系统由于其内部条件和外部条件的相互作用（约束条件），总可以在一定条件（最适条件）下，使得该系统的某个方面最大程度或最小程度地接近或适合某种一定的客观标准，实现系统的最优状态。所谓一定条件，就是指系统的多种多样的条件中，有那么一些条件和内部根据最相适应，能使这个系统最大限度或最小限度地在某一方面、某种标准下达到最大值或最小值，这种一定的条件就叫做最适条件。所谓系统的某个方面，是指一个物质系统具有多种要素和属性，如体积、功能、化学性质、结构、生活习性等，以及它们的具体表现，而最优并不是系统一切方面都能最大限度或最小限度地发挥作用，只能是其中某一方面最优，但究竟是哪一方面，这就要视系统的具体情况和相关的一定标准（目的性）而定。

综合上述六条原理，整体性原理是反映系统的整体规律性，主要讲系统效应；相关性原理是反映系统与要素、要素与要素以及系统与环境之间的必然关系的；结构与功能原理是反映系统的内容与形式之间的规律性关系的；输入输出平衡性原理是反映系统与环境之间物质、能量、信息交换规律的；目的性原理是反映系统内部固有机制所要达到的运动状态的规律的；最优化原理是反映系统的根本特性以及人们掌握系统规律及原理的根本目的。六条原理各自从不同的侧面揭示出客观系统的规律性。

2.2.3 土地生态经济理论

土地资源的特殊性在于：一方面它是一类重要的自然环境资源，另一方面它又承载着其他资源与社会经济活动。因此，土地本身就是自然、社会、经济、技术等要素组成的一个多重结构的生态经济系统。土地利用不仅是自然技术问题和社会经济问题，而且也是一个资源合理利用和环境保护的生态经济问题，同时承受着客观上存在的自然、经济和生态规律的制约。

2.2.3.1 内涵及特性

土地生态经济系统是指由土地生态系统和土地经济系统相互作用、相互渗透、相互交织耦合在特定的土地空间内或地段上，具有一定结构和功能的复合系统。因此，土地生态经济系统常常被看作是由土地生态系统和土地经济系统组成的，但两类系统其实难以明确地划分，是相互影响、相互交织的。

土地生态经济系统的特性主要有以下几个方面：

（1）整体性。土地生态经济系统是一个统一的整体，"土地生态系统"与"土地经济系统"仅仅是文字表述上的截然分开，而其内部各要素间则是相互耦合在一起的，以一个整体的形式表现出来，某些要素的变化会引起其他要素的变化，甚至系统功能的变化。

（2）综合性。像其他系统一样，单一要素虽然独立存在，但难以发挥综合性的功能，土地生态经济系统中的各要素必须通过综合才能表现出应有的功能。因此，土地优劣不取决于某一个土地要素的优劣，而是全部要素共同作用的结果。

（3）异质性。土地生态经济系统的异质性表现在时间与空间上。不同的历史阶段，或是同一历史阶段下的不同地域空间，土地生态经济系统都存在着差异性。这一特点决定了土地开发利用需要因地制宜、因时制宜，以充分发挥不同区域、不同时段土地生态经济系统的优势和潜力。

（4）可塑性。土地生态经济系统的可塑性表现为土地经济活动对土地生态系统的改造，也正是因为这种改造作用，才产生了土地生态经济系统。

（5）两重性。土地生态经济系统是由土地生态系统与土地经济系统耦合而成的，因此表现出自然与经济两重属性，并在自然与经济的各类规律中呈现既相矛盾又相统一的辩证关系。

2.2.3.2　运行机制

土地生态经济系统的运行有一个内在的动力机制，它是由三元机制融合而成的。土地生态经济系统运行的三元机制是指土地自我反馈机制、土地市场机制与土地政府调控机制始终并存，密切配合。在三元机制中，土地自我反馈机制是对土地生态经济系统运行的第一层次调节、基础调节、低层次调节。土地市场机制是第二层次调节、中心调节。土地政府调控机制是第三层次调节、关键调节、高层次调节。土地生态经济系统运行三元机制有这样几个含义：（1）三元机制的融合并不是一种"板块"式的结合，即各种机制限定在某一特定领域内起作用，而是三元机制共同在土地生态经济系统整体中发挥作用；（2）三元机制的融合不是指三种机制之间存在着相互渗透的关系，即每种机制主要在某一个领域内起作用，同时这种作用渗透到另一个领域内，而是一种覆盖与再覆盖的关系，即土地自我反馈机制是对土地生态经济系统的第一次覆盖，它是其他覆盖的基础，土地市场调节是第二次覆盖，是覆盖于自我反馈调节之上的覆盖，是一种再覆盖，政府调控则是对土地生态经济系统最高层次的覆盖，是覆盖于自我反馈调节和土地市场调节之上的再覆盖；（3）三元机制的融合并不意味着三种机制地位的并列，三者在土地生态经济系统中具有互补性，起着"平分秋色"的作用，不可或缺。

2.2.4　人地关系理论

人地关系是自人类起源以来就客观存在的关系。从远古时代人类屈服于自然地理环境，到近现代人类改造自然地理环境，无不体现人与地的关系。人地关系的演变史就是人类社会发展的历史，随着人类文明化程度的不断提高，人类改造和利用土地的广度和深度都达到了前所未有的高度。

人地关系论的产生和发展经历了漫长的历史过程，东西方学者都对这一问题有过探索。中国古代有以"人定胜天，天定亦胜人"为代表的朴素的人地相关思想，西方学者也提出过"环境决定论""适应论"等观点。人类对人地关系的认识，是一个逐步深入的过程，人地关系论各种学说的发展，就是这种认识过程的反映。

土地承载力原理：人地关系的核心是土地承载人类活动的限制性问题。土地承载力并非一成不变，它会随着人类科学技术的发展以及对土地资源开发利用的程度而不断变动，体现了人地交互作用的强度和人地系统功能的大小，从而指导人地关系的发展。

人地关系地域关联互动原理：人类社会正逐渐步入区域一体化和全球一体化的时代，各区域间人地关系所造成的影响可能会传播到更为广阔的区域。因此，区域间的关联互动正成为发展人地关系的新思路，也是实现不同地区之间、代内与代际之间资源和效益的公平分配、合理配置，形成和谐的人地关系格局的关键。

3　研究区概况

3.1　内蒙古自治区概况

3.1.1　自然条件概况

3.1.1.1　土地资源

内蒙古自治区地域面积广阔，南起北纬 37°30′，北至北纬 53°20′，东起东经 126°12′，西至东经 97°12′，东西跨度居全国首位，土地资源类型丰富。

全区以高原地貌为主，并伴有复杂多样的类型，呈现山地、丘陵、高平原、平原、沙漠、戈壁、湖沼等多种地形相间分布特征，且区域差异明显，为综合发展农、林、牧、副、渔业生产提供了有利条件。

根据第三次国土调查成果，内蒙古自治区土地面积 112.72 万平方公里，土地利用类型多样，除茶园、沿海滩涂和冰川及永久积雪外，其他土地利用类型均有涉及。草地面积最大，占土地面积的 47.99%，林地次之，占 21.65%，其余依次为其他土地、耕地、湿地、水域及水利设施用地、交通运输用地、住宅用地、工矿用地、公共管理与公共服务用地、商业服务业用地、种植园用地、特殊用地，占比分别为 13.98%、10.32%、3.39%、0.95%、0.79%、0.38%、0.36%、0.07%、0.06%、0.04%、0.03%。

土地利用类型中，耕地以旱地和水浇地为主，所占比例分别为 50.44% 和 48.19%；林地以乔木林地和灌木林地为主，所占比例分别为 61.72% 和 31.36%；草地主要是天然牧草地，面积为 47.98 万平方公里，占全区草地面积的 88.68%；湿地以沼泽草地、内陆滩涂、森林沼泽为主，所占比例分别为 48.12%、24.57%、18.38%。工矿用地中，采矿用地面积较大，为 2976.98 km^2，占 72.65%，工业用地面积仅占 27.35%；交通运输用地中，农村道路面积较大，为 5101.1 km^2，占 57.5%，其次是公路用地，面积 2405.16 km^2，占 27.11%；水域及水利设施以湖泊水面、河流水面、沟渠、坑塘水面为主，所占比例分别为 37.21%、28.92%、12.93%、12.59%；其他土地以沙地、裸岩石砾地为主，面积分别为 77138.95 km^2 和 65027.05 km^2，分别占 48.92% 和 41.26%。

3.1.1.2　森林资源

森林资源是林地及其所生长的森林有机体的总称，以林木资源为主，还包括林中和林下植物、野生动物及其他自然环境等资源。内蒙古是北方重要的生态安全屏障，也是我国森林资源相对丰富省份之一。自治区森林资源主要分布于大兴安岭北部，是中国北方最大的天然林区和优质木材生产基地之一，从东到西依次为大兴安岭原始林区和大兴安岭南部山地、宝格达山、迪彦庙、罕山、克什克腾、茅荆坝、大青山、蛮汉山、乌拉山、贺兰山、额济纳 11 片次生林区。此外，长期投入建设的人工林遍布于全区各地。全区乔灌树种丰富，主要有杨树、柳树、榆树、樟子松、油松、落叶松、白桦、栎类等乔木和锦鸡儿、白刺、山杏、柠条、沙柳、梭梭、杨柴、沙棘等灌木。

据第三次国土调查数据，自治区林地面积 24.4 万平方公里，占全区土地面积的 21.65%，自治区林地面积主要集中在大兴安岭中段森林草原区，面积为 10.5 万平方公里。2019 年内蒙古自治区森林覆盖率达到 21.65%。

3.1.1.3 草原资源

内蒙古自治区草地资源丰富，是欧亚大陆草原的重要组成部分，主要分布于大兴安岭以西、阴山、贺兰山以北的内蒙古高原及边缘地带的丘陵、山地以及鄂尔多斯高平原地区。受地貌、气候、土壤等自然因素影响，内蒙古草地水平分布自东北向西南地带性明显，从东到西依次为温性草甸草原、温性典型草原、温性荒漠草原、温性草原化荒漠和温性荒漠五大类地带性草地；非地带性草地主要有地平地草甸、山地草甸和沼泽类，其中以地平地草甸最为普遍。

据第三次国土调查数据，自治区草地面积 54.1 万平方公里，占全区土地面积的 47.99%，自治区草地面积主要集中在内蒙古高原东部草原区，占全区草地面积的 40% 以上。

3.1.1.4 湿地资源

内蒙古自治区湿地分布广泛、类型多样、资源总量大，总面积仅次于西藏和黑龙江，据第三次国土调查数据，自治区湿地面积为 3.8 万平方公里，占全区土地面积的 3.39%，居全国第三位。类型主要为沼泽草地、内陆滩涂、森林沼泽 3 种，其中沼泽草地面积最大，森林沼泽面积最小。受地形、地貌及气候等因素影响，自治区湿地分布极不均衡，且与内蒙古河流、湖泊等水资源分布密切相关。

3.1.1.5 水资源

自治区境内分布着数千条河流和近千个湖泊，现有地表水资源约 370.96 亿立方米，在地区分布上具有自东北向西南递减的规律。东北部约占总水量的 88.60%。其中嫩江水系占 49.60%，额尔吉纳河水系占 30.00%，西辽河水系占 9.00%；内蒙古中西部地区仅占 11.40%。其中黄河支流、锡林郭勒高原、乌兰察布高原占 4.3%，鄂尔多斯高原占 2.5%。此外，黄河过境水量年均 315 亿立方米，内陆水量 19.50 亿立方米。根据其河川径流排泄条件的不同，全区可分为外流和内流两大水系。总体来说，自大兴安岭以东、阴山山脉以南以及呼伦贝尔高原区属外流水系，自东而西有额尔古纳河、嫩江、辽河、滦河、永定河、黄河等6个水系，总流域面积61.34万平方公里，占全区总面积的52.5%，主要汇入鄂霍次克海和渤海。

地下水的集聚条件，决定于地形和地质特点。按地下水储量和埋存条件，区境大体可分为丰水区和少水区两类。丰水区主要有：河套平原、西辽河平原、乌拉盖盆地、毛乌素沙地、浑善达克沙地、呼伦贝尔高原乌尔逊低地。这些地区多数为半封闭和封闭盆地，地下水聚集条件良好，埋藏浅，水质较好，易于农田灌溉和人畜饮水。少水区主要分布在广阔的内蒙古高原，按水资源聚集条件分为两类，一类是分布在山间、丘间盆地、河谷和古湖盆地带，潜水位一般大于5 m，深部有承压水分布，利用条件比较好；另一类是分布在高平原地区，地下水埋存不稳定，地区间差异较大。如呼伦贝尔市，北纬47°以北，有永冻层分布，含水层顶板厚，一般在20~30 m，利用较难，矿化度小于1 g/L，水质也很好；锡林郭勒高原、乌兰察布高原潜水位一般在30 m以下，承压水层次多，厚度小，蓄水性差，顶板埋深大于50 m，水位20~50 m；鄂尔多斯高原和东部丘陵区，潜水位埋藏较深，水量小，但深层地下水较丰富。

3.1.1.6 矿产资源

内蒙古自治区矿产资源丰富。目前，在世界上已查明的140多种矿产中，内蒙古已发现120多种。截至2017年底，全区保有资源储量居全国之首的有18种、居全国前3位的有47种、居全国前10位的有92种。其中，稀土查明资源储量居世界首位；煤炭累计勘查估算资源总量为9120.32亿吨，其中查明的资源储量为4331.57亿吨，预测的资源量为4788.75亿吨，全区煤炭保有资源储量为4205.25亿吨，占全国总量的25.03%，居全国第二位；全区金矿、银矿保有资源储量分别为815.14 t、86867.90 t。铜、铅、锌3种有色金属保有资源储量为5831.66万吨。

3.1.2 社会经济条件概况

内蒙古自治区位于中华人民共和国北部边疆，横跨东北、华北、西北地区，接邻八个省区，是中国邻省最多的省级行政区之一，北与蒙古国和俄罗斯联邦接壤，是中国五个少数民族自治区之一。2022年末，全区常住人口达到2401.17万人，比2021年末增加1.17万人，增幅0.05%，主要分布有汉族、蒙古族，以及满族、回族、达斡尔族、鄂温克族等49个民族。全区下辖9个地级市、3个盟，共计22个市辖区、11个县级市、17个县、49个旗和自治旗。

初步核算，2022年全区地区生产总值23159亿元，按可比价格计算，比上年增长4.2%。其中，第一产业2654亿元，比上年增长4.3%；第二产业11242亿元，比上年增长6.5%；第三产业9263亿元，比上年增长2.2%。三个产业比例为11.5：48.5：40.0。第一、二、三产业对地区生产总值增长的贡献率分别为

11.9%、62.3%、25.8%。人均地区生产总值达到 96474 元，比上年增长 4.2%。全年全体居民人均可支配收入 35921 元，比上年增长 5.3%。按常住地分，城镇居民人均可支配收入 46295 元，比上年增长 4.3%。从主要收入构成看，工资性收入 28090 元，增长 5.7%；经营净收入 8911 元，增长 2.4%；财产净收入 2607 元，下降 0.9%；转移净收入 6687 元，增长 3.3%。农村牧区居民人均可支配收入 19641 元，比上年增长 7.1%。从主要收入构成看，工资性收入 3795 元，增长 5.3%；经营净收入 10718 元，增长 7.4%；财产净收入 500 元，增长 5.7%；转移净收入 4628 元，增长 8.1%。全年全体居民人均生活消费支出 22298 元，比上年下降 1.6%。按常住地分，城镇居民人均生活消费支出 26667 元，比上年下降 1.9%。农村牧区居民人均生活消费支出 15444 元，比上年下降 1.6%。全体居民恩格尔系数为 28.1%。其中，城镇为 27.0%，农村牧区为 31.1%。

3.2　内蒙古土地资源特征

内蒙古土地资源特征如下：

（1）土地资源种类丰富，地区分布差异明显。内蒙古自治区土地、森林、草原、湿地、矿产等土地资源总量十分可观，均位居全国前列。因自治区经度跨度较大，地貌分异明显，自然条件复杂多样，造就了内蒙古丰富的土地资源类型，全区除海域、海岛及永久冰川外，其他类型均有涉及，特别是草地资源囊括了五大地带性草地类型。

受自治区自然地理环境影响，各类资源分布存在鲜明的地区性特点。东部地区水网较发达，水资源丰富，是原始森林、草甸草原、典型草原、河流、湖泊等湿地资源的聚集区，呼伦贝尔市林地资源丰富，有较大规模原始森林。锡林郭勒盟草地资源占优势，且主要为典型草原类型。区域内湿地资源以河流、淡水湖、森林沼泽、藓类沼泽为主；中西部地区气候较为干旱，水资源匮乏，有大面积的荒漠草原，内陆盐沼资源分布，森林资源多以人工林区为主。中部的乌兰察布地区以荒漠草原类及草原化荒漠类为主，是草原区向荒漠区过渡的旱生性草原生态系统。阿拉善盟分布着大面积的沙地与裸地。

（2）地区生态环境脆弱，土地资源退化普遍。内蒙古地处欧亚大陆架腹地，气候干旱，风力强劲，是我国生态环境较为脆弱地区。由于特殊的地理位置和自然条件，以及历史上人为不合理的开发利用，自然环境遭到不同程度的破坏，各类土地资源呈现衰减态势。土地沙漠化、荒漠化、土壤盐渍化、草场退化、滥砍乱伐、水土流失等问题较为突出，特别是湿地资源，数量减少十分明显。近年来，自治区逐步加大生态环境治理力度，全区生态环境状况初步实现了整体遏制、局部好转，但由于历史欠账较多、分布面积广、治理难度大、经济技术力量有限等，土地资源数量减少，特别是质量退化的趋势仍未从根本上得到有效控制。

（3）土地资源开发利用方式粗放。内蒙古属地广人稀的经济欠发达地区，相对于东部经济发达、人口稠密省份，其资源节约、集约利用思想意识较为淡薄。因人口压力较小，长期以来，地区各类土地资源一直处于粗放利用模式，过度放牧、滥砍乱伐、矿产资源开采集约化程度低、掠夺无序性开采、水资源浪费等现象较为突出。随着发展方式的转变，资源节约集约利用意识逐渐深入人心，全区土地资源利用应从科学规划、开发利用模式、管理模式等方面全面提升资源集约节约利用水平。

（4）资源开发利用重经济效益，轻社会效益与生态效益。长久以来，受发展理念的局限，内蒙古对资源开发利用与生态环境保护之间关系认识不足，土地资源的开发利用只注重经济效益，致使大面积的湖泊与沼泽被开垦成耕地，草场超载、过度放牧现象严重，人工林地树种单一、森林生态功能较弱，大规模开发水力资源、严重打破水资源区域平衡，矿产资源开发生态环境破坏严重。随着生态文明体制改革的推进，中央与各地发展理念与发展方式逐步转变，绿色发展、循环发展、空间均衡理念等已成为开展各项工作宗旨。土地资源开发利用不应只关注其产生的经济效益，更应关注社会效益与生态效益，推动地区均衡发展。

（5）土地资源密切相关，开发利用应统筹全局。内蒙古土地资源类型多样，且各类土地资源并不孤立存在，区域内土地资源、森林资源、草原资源、湿地资源、水资源、矿产资源密切相关。东部地区，森林资源丰富，其林下分布着大量的湿地资源（如森林沼泽、灌木沼泽类等）和野生动植物资源等，同时还分布着大量金属矿产资源；中西部等地，草地资源类型丰富，规模较大，也是自治区大多数能源矿产资源富集区。过去一段时间内，受发展理念局限，自治区多数土地资源开发利用较不合理，如人为不合理截流水资源、开垦东北沼泽湿地、过度采伐、过度放牧、无序开采矿产资源等行为，均给当地土地资源与生态环境带来了严重的破坏。各类土地资源是一个有机整体，应当将山水林田湖草沙视为统一生命共同体，科学合理开发利用各项土地资源，发挥整体效应最大化，实现资源永续利用，经济、社会与生态环境和谐发展。

3.3 内蒙古土地资源分区

内蒙古自治区面积较大，东西跨度长，土地资源利用差异十分明显，森林、草原、湿地、荒漠、沙漠共存。为揭示内蒙古的地域分异特征，体现土地资源在区域间差异，本研究将在划分评价单元的基础上开展土地资源调查监测评价研究。

3.3.1 土地资源分区单元

综合考虑地区自然环境各要素（如温度、水分、地貌、植被），采用聚类分析法，将内蒙古自治区划分为 11 个土地资源特征单元，从东到西依次为：大兴安岭北段山地落叶针叶林区、松辽平原东部山前台地针阔叶混交林区、松辽平原中部森林草原区、大兴安岭中段山地草原森林区、大兴安岭北段西侧森林草原区、西辽河平原草原区、大兴安岭南段草原区、内蒙古高原东部草原区、呼伦贝尔平原草原区、鄂尔多斯及内蒙古高原西部荒漠草原区、阿拉善与河西走廊荒漠区，具体情况如表 3-1 和图 3-1 所示。

表 3-1 内蒙古自治区土地资源分区情况

分区编号	分区名称	下辖旗、县（区）
I	大兴安岭北段山地落叶针叶林区	额尔古纳市、根河市
II	大兴安岭北段西侧森林草原区	海拉尔区、鄂温克族自治旗、陈巴尔虎旗
III	呼伦贝尔平原草原区	扎赉诺尔区、新巴尔虎左旗、新巴尔虎右旗、满洲里市
IV	大兴安岭中段山地草原森林区	阿荣旗、鄂伦春自治旗、牙克石市、扎兰屯市、阿尔山市、科尔沁右翼前旗
V	松辽平原东部山前台地针阔叶混交林区	莫力达瓦达斡尔族自治旗
VI	松辽平原中部森林草原区	乌兰浩特市、扎赉特旗
VII	西辽河平原草原区	元宝山区、翁牛特旗、敖汉旗、科尔沁区、科尔沁左翼中旗、科尔沁左翼后旗、开鲁县、库伦旗、奈曼旗、科尔沁右翼中旗、突泉县
VIII	大兴安岭南段草原区	红山区、松山区、阿鲁科尔沁旗、巴林左旗、巴林右旗、林西县、喀喇沁旗、宁城县、扎鲁特旗
IX	内蒙古高原东部草原区	新城区、回民区、玉泉区、赛罕区、土默特左旗、托克托县、和林格尔县、清水河县、武川县、东河区、昆都仑区、青山区、石拐区、九原区、土默特右旗、固阳县、克什克腾旗、霍林郭勒市、东胜区、康巴什区、达拉特旗、准格尔旗、鄂托克前旗、乌审旗、伊金霍洛旗、集宁区、卓资县、化德县、商都县、兴和县、凉城县、察哈尔右翼前旗、察哈尔右翼中旗、察哈尔右翼后旗、四子王旗、丰镇市、二连浩特市、锡林浩特市、阿巴嘎旗、苏尼特左旗、苏尼特右旗、东乌珠穆沁旗、西乌珠穆沁旗、太仆寺旗、镶黄旗、正镶白旗、正蓝旗、多伦县

分区编号	分区名称	下辖旗、县（区）
X	鄂尔多斯及内蒙古高原西部荒漠草原区	白云区、达尔罕茂明安联合旗、海勃湾区、海南区、鄂托克旗、杭锦旗、临河区、五原县、磴口县、乌拉特前旗、乌拉特中旗、杭锦后旗
XI	阿拉善与河西走廊荒漠区	乌达区、乌拉特后旗、阿拉善左旗、阿拉善右旗、额济纳旗

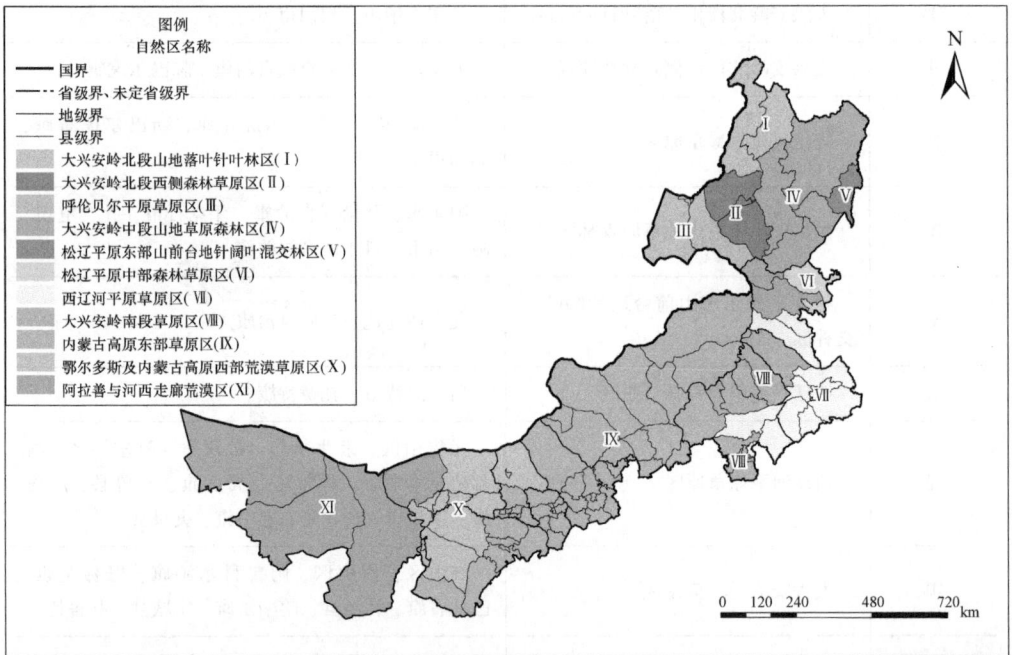

图3-1 内蒙古自治区土地资源分区示意图

图3-1 彩图

3.3.2 分区单元特征及主要影响指标因子

3.3.2.1 Ⅰ区——大兴安岭北段山地落叶针叶林区

大兴安岭北段山地落叶针叶林区地处大兴安岭西北麓，呼伦贝尔草原北端，额尔古纳河畔。地势西北高、东南低。全年平均温度在-2 ℃以下，年降水量400~500 mm；受温度制约，生物循环速率较低，以原生寒温性针叶林生态系统为主，是我国唯一的寒温带针叶林分布区；区域草原类型多样，为呼伦贝尔大草原的重要组成部分，草原类型包括：山地草甸、山地草甸草原，丘陵草甸草原、低湿地草甸、沼泽五大类，是自治区草原类型保存最为齐全的草场；境内水资源丰富，亚洲第一湿地——额尔古纳湿地分布其中。

区域仅包含全区 1 个盟市的 2 个旗、县（区），土地总面积 489.6 万公顷，其中耕地面积 19.1 万公顷，占区域土地总面积的 3.9%；林地面积 371.5 万公顷，占 76%；草地面积 36.9 万公顷，占 7.5%；湿地面积 57.43 万公顷，占 11.7%。区域土地资源特征表现为：森林、草原资源丰富，水资源条件良好，境内湿地面积较大；矿产资源丰富；野生动植物种类多样。

考虑到区域土地资源及其利用特征，土地资源调查监测评价指标应侧重于森林（特别需要重点关注湿地资源）、草原、水资源以及与其相关的集约、保护、协调性指标。需要重点监测指标有：森林覆盖率、草原面积、水资源总量、湿地面积、水资源开发利用率、生态保护红线面积比例、退耕还林还草面积、矿山恢复治理率等。

3.3.2.2 II区——大兴安岭北段西侧森林草原区

大兴安岭北段西侧森林草原区地处大兴安岭山地西北坡，大兴安岭山地向呼伦贝尔高平原过渡地段，属高原型地貌区。境内中山、低山、丘陵、高平原地貌自然融为一体，地势由东南向西北逐渐倾斜；属中温带半干旱大陆性草原气候，年均气温为 -2～-1 ℃，年均降水量为 350～370 mm；境内河网稀疏但湖泊众多，除呼伦湖、贝尔湖外，还有 450 余个小湖；土壤类型主要为黑钙土、栗钙土和灰色森林土，植被以干草原和森林草原为主。区域内动植物资源丰富，有多种经济价值较高的野生植物和名贵药材，近 70 种受国家保护动物；矿产资源丰富，特别是煤炭资源，已探明储量十分可观。

区域仅涉及自治区 1 个盟市中的 3 个旗、县（区），土地总面积 374.2 万公顷，其中耕地面积 20.3 万公顷，占区域土地总面积的 5.5%；林地面积 78.6 万公顷，占 21%；草地面积 218.9 万公顷，占 58.5%；湿地面积 38.19 万公顷，占 10.21%。区域土地资源特征表现为：林草资源丰富，湖泊湿地多有分布；区内矿产资源丰富，且类型多样；随着牧业快速发展，沿河出现沙丘斑点状活化，草原退化迹象较为明显。

考虑到区域土地资源及其利用特征，土地资源调查监测评价指标应侧重于森林、草原、湿地、水资源、退耕还林以及与其相关的集约、保护、协调性指标。需要重点监测指标有：森林覆盖率、草原面积、水资源总量、湿地面积、绿色矿山数量、生态保护红线面积比例、退耕还林还草面积、矿山恢复治理率等。

3.3.2.3 III区——呼伦贝尔平原草原区

呼伦贝尔平原草原区位于内蒙古高原东北部，大兴安岭北段西麓。海拔大多为 500～700 m，最高的巴彦山海拔 1038 m，呼伦湖附近最低，为 540 m。地势东高西低，起伏很小，平坦开阔，东与大兴安岭山地连成一片，西部属低山丘陵地带，中部为波状起伏的海拉尔台地高平原。年均降水量 250~350 mm，且季节分配不均、年际变率大；区域地表水系发育，有海拉尔河、额尔古纳河水系与呼伦湖水系，水资源较丰富；土壤以黑钙土、栗钙土和灰色森林土为主，植被类型为以羊草和针茅为主的干草原和森林草原，是中国最好的天然草牧场。

区域仅涉及自治区 1 个盟市中的 4 个旗、县（区），土地总面积 456.8 万公顷，其中耕地 5.1 万公顷，占区域土地总面积的 1%；林地 16.4 万公顷，占 3.6%；草地 365.6 万公顷，占 80%；湿地 26.66 万公顷，占 5.84%。区域土地资源特征表现为：地区水草丰美，利用方式以草原为主；地表水系发达，湿地资源发展条件优越；随着牧业经济的发展，草原过度开发、利用现象严重；湿地资源也存在不同程度的退化。

根据地区土地资源及其利用特征，土地资源调查监测评价指标应侧重于草原，水资源量，湿地及与其相关的资源集约、保护、协调性指标。需要重点监测指标有：草原面积、水资源总量、湿地面积、水资源开发利用率、绿色矿山数量、生态保护红线面积比例、退耕还林还草面积、矿山恢复治理率等。

3.3.2.4　Ⅳ区——大兴安岭中段山地草原森林区

大兴安岭中段山地草原森林区为海拉尔河上游谷地以南和洮儿河上游谷地以北的大兴安岭中段和大兴安岭以东的嫩江上游地区，其中，山地海拔在 1200~1500 m，大兴安岭以东至自治区界的嫩江上游平原，平均海拔在 200~500 m；属温带大陆性季风气候区，立体气候特征明显，四季分明。年均气温大部地区在 4~6 ℃，西北部林区为 -3.2 ℃；年均降水量在 373~467 mm 之间，且年际变率大，72%~78%集中在 6~8 月；区域光照充足，光能资源丰富；受地形影响，区域内森林呈现不同的自然结构，植被类型差异明显。

区域仅涉及自治区 2 个盟市中的 6 个旗、县（区），土地总面积 1163.5 万公顷，其中耕地面积 15.3 万公顷，占区域土地总面积的 13.2%；林地面积 744.6 万公顷，占 64%；草地面积 117.7 万公顷，占 10%；湿地面积 124.17 万公顷，占 10.67%。区域土地资源特征表现为：水土资源条件良好；土地利用结构复杂多样，涉及林区、牧区、半农半牧区和农区等多个利用类型，地区各类资源优化配置等相关问题需要重点关注。

考虑到区域土地资源及其利用特征，土地资源调查监测评价指标应侧重于多项指标资源类型：森林、草原、耕地、湿地和水资源都应重点关注。需要重点监测指标有：森林覆盖率、草原面积、水资源总量、湿地面积、优高等耕地占耕地面积比例、永久基本农田比例、水资源开发利用率、生态保护红线面积比例等。

3.3.2.5　Ⅴ区——松辽平原东部山前台地针阔叶混交林区

松辽平原东部山前台地针阔叶混交林区地处大兴安岭东麓中段、嫩江西岸，地势由西北向东南倾斜，平均海拔 400 m，属中温带大陆性的季风气候，年平均气温 1.3 ℃。年均降水量 400~500 mm。境内有大小河流 56 条，年径流量 147.4 亿立方米，水资源丰富，占到内蒙古全区的 40%；地区地势较为平坦，土壤有机质含量高，光照强度大，十分利于农作物生产；野生动植物资源十分丰富，多数具有较高的经济价值。

区域仅涉及自治区的 1 个旗——莫力达瓦达斡尔自治旗，土地总面积 103.5 万公顷，其中耕地面积 58 万公顷，占区域土地总面积的 56%；林地面积 22.1 万公顷，占 21.4%；草地面积 6.5 万公顷，占 6%。区域土地资源特征表现为：水土资源条件良好，土地利用以农耕为主，多数为水浇地；林业发展条件优越，多以防护农业生产为主，草地占有一定比例。

考虑到区域土地资源及其利用特征，土地资源调查监测评价指标应侧重于森林（需关注湿地资源）、耕地（需关注耕地质量）、水资源以及与其相关的集约、保护、协调性指标。需要重点监测指标有：草原面积、水资源总量、湿地面积、优高等耕地占耕地面积比例、垦殖指数、永久基本农田比例、水资源开发利用率、人均耕地面积、耕地占全区耕地比重、农用地整治面积等。

3.3.2.6 Ⅵ区——松辽平原中部森林草原区

松辽平原中部森林草原区地处大兴安岭山脉的中段与松辽平原过渡地带，属低山丘陵地貌，为中温带半干旱季风气候，年平均气温 5℃，年均降水量在 400~550 mm，且暖季降水量占全年的 90% 左右，春季降水较少；境内河流主要有洮儿河、归流河、二道河、阿木古郎河；土壤多为风沙土、草甸土和黑钙土，草原类型以草甸草原为主；区域内森林资源丰富，林下经济作物及野生动植物资源十分丰富。

区域仅涉及自治区 1 个盟市中的 2 个旗、县（区），土地总面积 133.8 万公顷，其中耕地面积 55.5 万公顷，占区域土地总面积的 42%；林地面积 33.1 万公顷，占 25%；草地面积 29.7 万公顷，占 22%。区域土地资源特征表现为：林、草原资源丰富，水资源丰沛，土地利用方式以森林、草为主，野生动植物种类繁多，境内矿产资源种类较多，部分矿产资源储量十分可观。

考虑到区域土地资源及其利用特征，土地资源调查监测评价指标应侧重于森林、草原、水资源以及与其相关的集约、保护、协调性指标。需要重点监测指标有：森林覆盖率、草原面积、水资源总量、湿地面积、绿色矿山数量、生态保护红线比例、森林占全区森林面积比例、草原占全区草原面积比重、退耕还林还草面积、矿山恢复治理率等。

3.3.2.7 Ⅶ区——西辽河平原草原区

西辽河平原草原区地处大兴安岭南段山地与冀北、辽西山地之间，东与松辽平原相接，为西辽河及其支流联合形成的冲积平原，是大兴安岭南段东侧的一个狭长地带，地势西高东低，海拔 200~500 m，年均气温 5.0~6.5 ℃，年均降水量

350~400 mm。境内河流主要有霍林河、呼虎尔河、乌尔吉木伦河、西拉木伦河和老哈河。区域内地势平坦，土壤厚度较大，水资源充足，是内蒙古自治区东南部重要的农业生产基地。

区域内涉及全区 3 个盟市 11 个旗、县（区），土地总面积 215.2 万公顷，其中耕地面积 318.5 万公顷，占区域土地总面积的 40%；林地面积 215.2 万公顷，占 27%；草地面积 187.6 万公顷，占 23%。区域土地资源特征表现为：水资源条件良好，土地利用以农耕为主，且多数为水浇地；林业发展条件优越，林地以防护农业生产为主，草地占有一定比例，但草原质量优势并不突出。

考虑到区域土地资源及其利用特征，土地资源调查监测评价指标应侧重于农用地，特别是耕地，以及水资源量、林地、草原面积、湿地面积及与其相关的集约、保护、协调性指标。需要重点监测指标有：水资源总量、优高等地面积比例、垦殖指数、永久基本农田面积、人均耕地面积、农用地整治面积等。

3.3.2.8 Ⅷ区——大兴安岭南段草原区

大兴安岭南段草原区东邻松辽平原，西部是内蒙古高原东部的乌珠穆沁盆地、锡林郭勒高原和浑善达克沙地，南接河北省，北部是科尔沁沙地。区域海拔多在 1500 m 以上，其中黄岗梁和罕山高程分别达到 2029 m 和 1928 m，年降水量 400~600 mm，地势自西南向东北降低。区内降水量充足，土壤有机质含量高，土地资源种类丰富，具有发展农、林、牧业良好的资源条件。

区域涉及全区 2 个盟市 9 个旗、县（区），土地总面积 634.3 万公顷，其中耕地面积 131.1 万公顷，占区域土地总面积的 21%；林地面积 232.1 万公顷，占 37%；草地面积 225.5 万公顷，占 36%。区域土地资源特征表现为：土地利用以林、牧为主，林地、牧草地面积较大。其中草原种类多样，林业资源丰富；耕地占有一定比例，主要分布在区域几大河流周围的河谷平川区，是自治区重要的产粮区之一。

根据地区土地资源及其利用特征，土地资源调查监测评价指标应侧重于森林、草原、耕地、水资源量及与其相关的集约、保护、协调性指标。需要重点监测指标有：森林覆盖率、草原面积、水资源总量、优高等地面积比例、垦殖指数、永久基本农田面积、耕地保有量、生态保护红线比例、农用地整治面积等。

3.3.2.9 Ⅸ区——内蒙古高原东部草原区

内蒙古高原东部草原区北起中蒙边境，南面与陕西、山西、河北三省接壤，东抵大兴安岭南部，西至鄂尔多斯高原东部，为广阔的内陆高平原，大部分土地为天然草地植被所覆盖。气候以温带大陆性季风气候为主，年均气温 3~6 ℃，西高东低。年均降雨量 250~400 mm，从东向西依次减少。区域自北向南包括乌珠穆沁盆地、锡林郭勒高原、浑善达克沙地、大青山地和鄂尔多斯高原。乌珠穆沁盆地地势起伏小，区域内多湖泊沼泽；锡林郭勒高原海拔 900~1250 m，区域内河流湖泊较少；浑善达克沙地为典型的坨甸相间地貌类型，多数沙丘为固定沙丘，沙丘间形成的平坦草地上发育着疏林、灌丛和草甸；大青山是阴山山地东段，北缓南陡，阴坡林地资源丰富，阳坡发育干草原；大青山南部土默川平原，地势平坦，土质肥沃，水源充足，耕地资源集中连片，是自治区三大平原灌溉农区之一；鄂尔多斯高原位于黄河北干流大弯曲段与长城之间，高原海拔1300~1500m，南部为毛乌素沙地，是我国半干旱区最大的沙地之一。

区域面积较大，涉及自治区7个盟市48个旗、县（区），土地总面积3485.7万公顷，其中耕地面积277.4万公顷，占区域土地总面积的8%；林地面积419.7万公顷，占12%；草地面积25222.4万公顷，占72%；湿地面积89.97万公顷，占3%；同时，该区域也是自治区重要的经济中心，全区重要的二、三产业集中分布在这一地区。区域土地资源特征表现为：土地利用以牧为主，牧草地面积较大、草原种类多样、水草肥美，是自治区重要的草原畜牧业生产基地；耕地占有一定比例，主要分布在山前平原地区；平原地区二、三产业发达，人口较为稠密，城镇建设用地占比较大，是自治区政治、经济、文化中心。

根据地区土地资源及其利用特征，土地资源调查监测评价指标应侧重于草原、耕地、水资源量、建设用地规模及与其相关的资源集约、保护、协调性指标。需要重点监测指标有：草原面积、优高等地面积比例、土地开发强度、垦殖指数、永久基本农田面积、水资源开发利用率、万元GDP占地、绿色矿山、万元GDP水耗、耕地保有量、人均耕地面积、人均城镇面积、农村人均建设用地面积、人均水资源量、农用地整治面积等。

3.3.2.10 X区——鄂尔多斯及内蒙古高原西部荒漠草原区

鄂尔多斯及内蒙古高原西部荒漠草原区为北东—南西方向的带状区域，包括锡林郭勒高原西部、乌兰察布高原大部、阴山山地中西部、内蒙古和宁夏两自治区的黄河河套平原地区，北接蒙古国，南边是鄂托克前旗，西部为阿拉善高原，东部为大青山。地处中温带干旱区，年均温度6~8℃，年均降水量150~250mm，从东到西递减；区域内光能资源丰富，积温高，昼夜温差大。区域内北部高原水资源缺乏，是草原向荒漠的过渡地带；中部山地与蒙古高原融为一体；南部河套平原海拔1000~1200m，是黄河上游难得的带状冲积平原，地势平坦，耕地集中，气候条件适宜，水资源丰富，是内蒙古自治区的西部重要产量地区。

区域涉及自治区4个盟市12个旗、县（区），土地总面积989.9万公顷，其中耕地面积114.5万公顷，占区域土地总面积的11.57%；林地面积99.88万公顷，占10%；草地面积644.1万公顷，占65%；同时，该区域矿产资源丰富，尤以煤炭遍布各地储量巨大，西部盐、碱湖分布广泛，盛产碱、盐、芒硝、石膏等化工资源。地区土地资源特征表现为：草原面积较大，植被类型属荒漠草原，地表水资源贫乏，矿产资源丰富；随着加大对耕地、草原资源的开发利用，区域耕地盐碱化、草原退化现象较严重。

根据地区土地资源及其利用特征，土地资源调查监测评价指标应侧重于草原、耕地、水资源量、绿色矿山及与其相关的资源集约、保护、协调性指标。需要重点监测指标有：草原面积、优高等地面积比例、土地开发强度、垦殖指数、永久基本农田面积、水资源开发利用率、万元 GDP 占地、绿色矿山、万元 GDP 水耗、耕地保有量、人均水资源量、农用地整治面积等。

3.3.2.11 XI区——阿拉善与河西走廊荒漠区

阿拉善与河西走廊荒漠区地处内蒙古自治区的最西部，北接蒙古，南部为合黎山和龙首山，西邻马鬃山，东部为贺兰山。范围包括祁连山以北至中蒙边界，贺兰山地以西直到北山山地的广大地区，海拔 800~1600 m，地势自南向北倾斜，低地被流动沙丘覆盖，形成了著名的巴丹吉林沙漠、腾格里沙漠、亚玛雷克沙漠和乌兰布和沙漠，沙丘间广泛分布数以百计的盐沼地和小湖泊。河西走廊长达 1000 km，呈北西—南东走向，海拔 1400~2900 m，地表物质主要为砾石与黄土，两侧为相向倾斜的洪积倾斜平原，中间是狭窄的河流冲积平原。区域属典型的温带大陆性气候，干旱少雨，风大沙多，冬寒夏热，昼夜温差大，年平均气温 7.7~9.8 ℃，年降水量 32.8~208.1 mm，且由东南部向西北部递减，蒸发量由东南部向西北部递增。阿拉善高原流沙、戈壁广布，为干旱荒漠高原。

区域涉及自治区 3 个盟市 5 个旗、县（区），土地总面积 2637.6 万公顷。其中，其他土地面积最大，为 1339.4 万公顷，占区域总面积 51%；其次草地面积 1055.8 万公顷，占 40%；同时，区内成矿条件优越，已发现矿种多达 15 种，其中无烟煤、湖盐、锑探明储量居内蒙古自治区之首。地区土地资源特征表现为：林草、水、湿地等资源匮乏；土地利用类型多以沙地为主，沙漠面积大，巴丹吉林沙漠、腾格里沙漠、乌兰布和沙漠都位于该地区；矿产资源种类较为丰富。

根据地区土地资源及其利用特征，土地资源调查监测评价指标应侧重于草原、水资源量及与其相关的资源集约、保护、协调性指标。需要重点监测指标有：草原面积、水资源总量、土地开发强度、水资源开发利用率、万元 GDP 水耗、耕地保有量、生态保护红线比例、人均水资源量、退耕还林还草面积、矿山恢复治理率等。

4 土地资源调查监测评价

4.1 土地资源调查监测评价指标体系构建

国家从土地资源基本状况、土地资源开发利用与保护、土地资源协同协调和土地资源响应四个方面，构建了土地资源调查监测数据分析评价指标体系。共包含 60 项具体指标。其中土地资源基本状况包含 15 项指标，土地资源开发利用与保护包含 17 项指标，土地资源协同协调包含 14 项指标，土地资源响应包含 14 项指标。

4.1.1 指标体系选取思路及原则

4.1.1.1 指标选取思路

以国家构建的土地资源调查监测指标体系为基础，在保证内蒙古调查监测评价指标体系目标层与准则层完整性的前提下，从自治区土地资源特征分区的角度出发，筛选出具有区域分异特征的指征性、代表性指标；因内蒙古土地资源分区成果的基本组成单元为旗、县（区），一些指标数据并未统计到旗、县（区）层面，考虑到全区土地资源调查监测评价工作的可操作性，确保工作可完成，将部分数据获取困难且分区域可比计算较差的指标予以剔除，最终确定内蒙古自治区土地资源调查监测评价指标体系。

4.1.1.2 指标选取原则

（1）指标完全性原则。完全性原则是指所建立的指标体系应能全面反映土地资源评价指标体系各个方面特性。

内蒙古土地资源调查监测评价指标的选取，首先应保证指标体系的完整性，严格按照国家构建的控制层——土地资源基本状况、土地资源开发利用与保护、土地资源协同协调和土地资源响应来筛选相应代表性指标。

（2）指标代表性原则。调查监测评价工作主要通过指标来反映出区域土地资源的优劣，因此，所选用的指标在反映项目的本质特性方面应具备足够强的代表功能，客观体现出单元内土地资源属性特征。

　　内蒙古是在分区的基础上进一步开展土地资源调查监测评价工作，筛选指标应尽可能明显体现出各个区域的不同，根据各区域分异的明显特征，研究人员在每个控制层中筛选了 1~2 个具有强代表性指标，如森林覆盖率、草原面积、水资源量、开发强度、绿色矿山数量、耕地保有量、人均耕地面积、农地整治面积、矿山恢复治理率等，使指标体系能够显示出区域土地资源特性，特别在评价层面进一步指示出各个区域土地资源的优劣特性，给人们如何利用、管理地区土地资源以启示。

　　（3）指标可操作性原则。指标数据的获取与处理需要严格遵循科学性，在选用指标时，要注意到指标数据的可得、可测及可比较性。

　　在开展实际工作过程中，发现部分指标数据的采集、可比性操作困难。内蒙古土地资源分区单元以旗、县（区）为基础，考虑到部分指标数据并未统计到旗、县（区）层面，或相关指标各个旗、县（区）数据缺失严重，无法保证指标数据的完整性，在不影响整体调查监测评价效果的基础上，为保证调查监测评价成果可操作性与完整性，对部分指标数据予以剔除，如森林蓄积量、草原综合植被覆盖度、乔木林草单位面积蓄积量、Ⅰ~Ⅲ类水占水资源总量的比例、土地资源多样性指数、土地资源格局指标及部分土地资源响应指标等。

4.1.2　土地资源调查监测评价指标体系

　　根据国家提供的调查监测评价指标体系，遵循指标选取的原则，结合内蒙古土地资源禀赋特点，从土地资源数量—质量—生态"三位一体"的角度出发，根据各类土地资源调查标准及数据情况，重点从土地资源基本情况、土地资源开发利用与保护、土地资源协调协同、土地资源响应四个方面筛选构建内蒙古自治区土地资源调查监测评价指标体系，指标表分三层——目标层、准则层、指标层。共 26 项指标，指标体系各项数值均以旗、县（区）为单位进行统计分析。具体情况见表 4-1。

表 4-1 内蒙古自治区土地资源调查监测评价指标体系

目标层	准则层	序号	指标名称	计量单位	指 标 层		指标表征	指标性质
					计算方法	数据来源		
土地资源综合评价	土地资源基本状况	1	土地调查面积	公顷	调查统计数据	第三次全国国土调查	土地资源禀赋	绝对值（正向）
		2	森林覆盖率	%	调查统计数据	第三次全国国土调查、森林专项调查	土地资源禀赋	绝对值（正向）
		3	草原面积	公顷	调查统计数据	第三次全国国土调查	土地资源禀赋	绝对值（正向）
		4	水资源总量	亿立方米	调查统计数据	水资源调查	土地资源禀赋	绝对值（正向）
		5	湿地面积	公顷	调查统计数据	第三次全国国土调查、湿地专项调查	土地资源禀赋	绝对值（正向）
	土地资源开发利用与保护	6	优、高等耕地占耕地总面积的比例	%	（优等耕地面积＋高等耕地面积）/耕地总面积×100%	农用地分等定级数据、第三次全国国土调查	耕地保护情况	绝对值（正向）
		7	土地开发强度	%	建设用地面积/区域土地总面积×100%	第三次全国国土调查	国土空间开发利用	绝对值（负向）
		8	垦殖指数	%	耕地面积/区域土地总面积×100%	第三次全国国土调查	耕地保护情况	绝对值（正向）
		9	永久基本农田面积比例	%	永久基本农田/区域土地总面积×100%	国土空间规划编制实施情况统计	国土空间规划编制	绝对值（正向）

续表 4-1

目标层	准则层	序号	指标名称	计量单位	指标层		指标表征	指标性质
					计算方法	数据来源		
土地资源综合评价	土地资源开发利用与保护	10	水资源开发利用率	%	水资源开发利用量/水资源储量×100%	水资源调查	国土空间开发利用	绝对值(正向)
		11	万元GDP占地面积	公顷/万元	建设用地面积/地区生产总值(GDP)	第三次全国国土调查、区域统计年鉴	土地资源节约集约利用情况	绝对值(负向)
		12	绿色矿山数量	个	调查统计数据	土地资源综合统计调查制度	土地资源节约集约利用情况	绝对值(正向)
		13	万元GDP水耗	立方米/万元	总用水量/国内生产总值(GDP)	第三次全国国土调查、区域统计年鉴	土地资源节约集约利用情况	绝对值(负向)
		14	耕地保有量完成率	%	实际耕地面积/规划目标耕地面积×100%	第三次全国国土调查	耕地保护情况	正数或负数(正向)
		15	生态保护红线面积比例	%	生态保护红线区域土地总面积/城镇区域土地总面积×100%	国土空间规划编制实施情况统计	国土空间规划编制	绝对值(正向)
	土地资源协同协调	16	人均耕地面积	公顷/人	区域耕地面积/总人口	第三次全国国土调查、区域统计年鉴	土地资源禀赋	绝对值(正向)
		17	城镇人均建设用地面积	公顷/人	城镇建设用地总量/总人口	第三次全国国土调查、区域统计年鉴	土地资源禀赋	绝对值(正向)

4.1 土地资源调查监测评价指标体系构建 ·43·

续表4-1

目标层	准则层	序号	指标名称	计量单位	指标层		指标表征	指标性质
					计算方法	数据来源		
土地资源综合评价	土地资源协同协调	18	农村人均建设用地面积	公顷/人	农村区域建设用地总量/总人口	第三次全国国土调查	土地资源禀赋	绝对值（正向）
		19	人均水资源量	立方米/人	水资源总量/总人口	水资源调查、区域统计年鉴	土地资源禀赋	绝对值（正向）
		20	耕地面积占全区耕地面积比例	%	耕地面积/全国耕地面积×100%	第三次全国国土调查	土地资源资产核算	绝对值（正向）
		21	森林面积占全区森林面积比例	%	森林面积/全国森林面积×100%	第三次国土调查、森林专项调查	土地资源资产核算	绝对值（正向）
		22	草原面积占全区草原面积比例	%	草原面积/全国草原面积×100%	第三次国土调查、草原专项调查	土地资源资产核算	绝对值（正向）
		23	水资源量占全区水资源量比例	%	水资源量/全区资源量×100%	水资源调查	土地资源资产核算	绝对值（正向）
	土地资源政策响应	24	农用地整治面积	公顷	调查统计数据	土地资源统计数据	国土空间生态修复情况	绝对值（正向）
		25	退耕还林还草面积	公顷	调查统计数据	土地资源统计数据	国土空间生态修复情况	绝对值（正向）
		26	矿山恢复治理率	%	矿山恢复治理面积/采矿用地面积×100%	土地资源统计数据	国土空间生态修复情况	绝对值（正向）

4.2　土地资源调查监测评价分析

4.2.1　分区单元指标体系权重确定

4.2.1.1　权重确定思路及方法

根据构建的内蒙古自治区土地资源调查监测评价指标体系，在分区的基础上，按照区域土地资源及其利用特征，有针对性地依次划分出各个指标的重要程度。采用德尔菲法，将各类指标重要程度划分为三级，1级：对区域土地资源利用影响十分重要，需重点监测关注；2级：对区域土地资源利用影响较为重要；3级；对区域土地资源利用影响程度一般（指标的重要性仅在划分区域内部具有可比性，区域之间不具有可比性。例如：在大兴安岭北段山地落叶针叶林区，森林覆盖率指标相对于其他25项指标而言十分重要，需重点关注，为1级；垦殖指数、土地开发强度等指标相对于其他指标次之，为2级；永久基本农田面积比例、耕地保有量完成率等指标相对于其他指标影响程度一般，为3级）。

通过划分等级，首先明确各个指标重要程度；其次，根据指标体系目标层—控制层—指标层，运用德尔菲和层次分析法，量化各个指标权重。各个分区单元指标分级情况见表4-2。

11个分区单元内各项指标的影响重要程度并不一致，因此，26个指标的权重数值在各区域内表现出不同的数值。每一个分区单元，将通过指标的权重来反映土地资源的综合特征，进而影响区域单元整体的综合评价结果。

4.2.1.2　分区单元指标权重

采用层次分析法，首先确定土地资源基本状况、土地资源开发利用与保护、土地资源协同协调、土地资源政策响应权重四方面重要程度。四个层面在11个区域之间无差别，全区土地资源调查监测评价更注重土地资源开发利用与保护和土地资源政策响应方面，对于土地资源协同协调相应有所弱化。通过测算，相应权重分别为0.214、0.357、0.143和0.286。其次，分别在四个层面针对分区单元具体指标的重要性程度确定权重。权重最终结果见表4-3。

4.2.2　分区单元评价结果

4.2.2.1　分区指标测算

根据建立的评价指标体系，通过数据收集，按照分区汇总、统计，情况见表4-4。正向指标按照式（4-1），负向指标按照式（4-2）进行标准化，标准化结果详见表4-5。

$$x_{ij} = \frac{v_{ij} - \min(v_{ij})}{\max(v_{ij}) - \min(v_{ij})} \qquad (4\text{-}1)$$

$$x_{ij} = \frac{\max(v_{ij}) - v_{ij}}{\max(v_{ij}) - \min(v_{ij})} \qquad (4\text{-}2)$$

式中，x_{ij}为第i区域第j项指标标准化值；v_{ij}为第i区域第j项指标实际测算数值。

表4-2 分区调查监测评价指标权重等级划分情况

	指标	I 大兴安岭北段山地落叶针叶林区	II 大兴安岭北段西侧森林草原区	III 呼伦贝尔平原草原区	IV 大兴安岭中段山地草原森林区	V 松辽平原东部山前台地针阔叶混交林区	VI 松辽平原中部森林草原区	VII 西辽河平原草原区	VIII 大兴安岭南段草原区	IX 内蒙古高原东部草原区	X 鄂尔多斯及内蒙古高原西部荒漠草原区	XI 阿拉善与河西走廊荒漠区
土地资源基本状况	土地调查面积	3	3	3	3	3	3	3	3	3	3	3
	森林覆盖率	1	1	2	1	2	1	3	1	3	3	3
	草原面积	1	1	1	1	1	1	2	1	1	1	1
	水资源总量	1	1	1	1	1	1	1	1	3	2	1
	湿地面积	3	1	1	1	1	3	2	2	3	3	3
	优、高等耕地占耕地总面积的比例	3	3	3	1	1	2	1	1	3	3	3
土地资源开发利用与保护	土地开发强度	2	3	2	2	2	2	2	2	1	1	1
	垦殖指数	2	3	3	2	1	3	1	1	1	1	3
	永久基本农田面积比例	3	3	3	1	1	3	1	1	1	1	3
	水资源开发利用率	1	2	1	1	1	2	1	3	1	2	1
	万元GDP占地面积	2	3	2	2	3	3	2	3	1	1	3
	绿色矿山数量	2	1	1	2	2	3	3	3	1	2	2

续表 4-2

指标		I 大兴安岭北段山地落叶针叶林区	II 大兴安岭北段西侧森林草原区	III 呼伦贝尔平原草原区	IV 大兴安岭中段山地草原森林区	V 松辽平原东部山前台地针阔叶混交林区	VI 松辽平原中部森林草原区	VII 西辽河平原草原区	VIII 大兴安岭南段草原区	IX 内蒙古高原东部草原区	X 鄂尔多斯及内蒙古高原西部荒漠草原区	XI 阿拉善与河西走廊荒漠区
土地资源开发利用与保护	万元 GDP 水耗	2	2	2	2	2	2	2	2	1	1	1
	耕地保有量完成率	3	3	3	2	1	3	1	1	1	1	1
	生态保护红线面积比例	1	1	1	1	2	1	3	1	3	3	1
	人均耕地面积	3	3	3	3	1	3	1	2	1	2	2
	城镇人均建设用地面积	2	3	2	3	3	3	2	2	1	2	2
土地资源协同协调	农村人均建设用地面积	2	2	2	3	3	3	2	2	1	2	2
	人均水资源量	3	3	3	3	3	3	2	2	1	1	1
	耕地面积占全区耕地面积比例	3	2	2	3	1	3	2	2	2	2	2

续表 4-2

指标		I 大兴安岭北段山地落叶针叶林区	II 大兴安岭北段西侧森林草原区	III 呼伦贝尔平原草原区	IV 大兴安岭中段山地草原森林区	V 松辽平原东部山前台地针阔叶混交林区	VI 松辽平原中部森林草原区	VII 西辽河平原草原区	VIII 大兴安岭南段草原区	IX 内蒙古高原东部草原区	X 鄂尔多斯及内蒙古高原西部荒漠草原区	XI 阿拉善与河西走廊荒漠区
土地资源协同调查	森林面积占全区森林面积比例	2	2	2	3	2	1	2	2	2	2	2
	草原面积占全区草原面积比例	2	2	2	3	2	1	2	2	2	2	2
	水资源量占全区水资源量比例	2	2	2	3	2	3	2	2	2	2	2
土地资源政策响应	农用地整治面积	3	3	3	2	1	3	1	1	1	1	3
	退耕还林还草面积	1	1	1	2	3	3	3	3	2	3	1
	矿山恢复治理率	1	1	1	3	3	3	3	3	1	2	1

注：1、2、3 分别表示 1 级、2 级、3 级。

表 4-3 各分区单元土地资源调查监测评价指标权重表

指标		I 大兴安岭北段山地落叶针叶林区	II 大兴安岭北段西侧森林草原区	III 呼伦贝尔平原草原区	IV 大兴安岭中段山地草原森林区	V 松辽平原东部山前台地针阔叶混交林区	VI 松辽平原中部森林草原区	VII 西辽河平原草原区	VIII 大兴安岭南段草原区	IX 内蒙古高原东部草原区	X 鄂尔多斯及内蒙古高原西部荒漠草原区	XI 阿拉善与河西走廊荒漠区
土地资源基本状况	土地调查面积	0.011	0.011	0.014	0.014	0.006	0.006	0.007	0.005	0.008	0.007	0.009
	森林覆盖率	0.051	0.045	0.027	0.041	0.032	0.048	0.020	0.048	0.024	0.014	0.017
	草原面积	0.039	0.051	0.062	0.041	0.044	0.048	0.040	0.043	0.071	0.064	0.069
	水资源总量	0.045	0.045	0.048	0.041	0.044	0.042	0.060	0.048	0.024	0.043	0.077
	湿地面积	0.051	0.045	0.055	0.041	0.044	0.042	0.040	0.032	0.024	0.021	0.017
	优、高等耕地占耕地总面积的比例	0.017	0.017	0.007	0.037	0.044	0.030	0.047	0.038	0.063	0.064	0.026
土地资源开发利用与保护	土地开发强度	0.046	0.022	0.035	0.027	0.032	0.056	0.038	0.041	0.038	0.039	0.052
	垦殖指数	0.038	0.011	0.009	0.034	0.057	0.028	0.057	0.061	0.038	0.044	0.007
	永久基本农田面积比例	0.015	0.022	0.009	0.054	0.058	0.009	0.056	0.054	0.038	0.044	0.007
	水资源开发利用率	0.053	0.054	0.070	0.047	0.051	0.056	0.057	0.020	0.038	0.033	0.052
	万元 GDP 占地面积	0.046	0.011	0.043	0.040	0.006	0.009	0.031	0.020	0.043	0.049	0.022
	绿色矿山数量	0.046	0.097	0.078	0.040	0.026	0.066	0.019	0.020	0.049	0.050	0.037

续表 4-3

指标		I 大兴安岭北段山地落叶针叶林区	II 大兴安岭北段西侧森林草原区	III 呼伦贝尔平原草原区	IV 大兴安岭中段山地草原森林区	V 松辽平原东部山前台地针阔叶混交林区	VI 松辽平原中部森林草原区	VII 西辽河平原草原区	VIII 大兴安岭南段草原区	IX 内蒙古高原东部草原区	X 鄂尔多斯及内蒙古高原西部荒漠草原区	XI 阿拉善与河西走廊荒漠区
土地资源开发利用与保护	万元GDP水耗	0.030	0.043	0.035	0.034	0.038	0.047	0.031	0.034	0.049	0.049	0.059
	耕地保有量完成率	0.015	0.022	0.009	0.034	0.057	0.019	0.057	0.054	0.049	0.044	0.052
	生态保护红线面积比例	0.068	0.076	0.070	0.047	0.032	0.066	0.013	0.054	0.016	0.005	0.067
	人均耕地面积	0.009	0.008	0.005	0.014	0.038	0.011	0.029	0.022	0.017	0.017	0.014
土地资源协同调	城镇人均建设用地面积	0.022	0.021	0.024	0.020	0.008	0.011	0.013	0.015	0.020	0.014	0.017
	农村人均建设用地面积	0.018	0.021	0.019	0.020	0.008	0.017	0.016	0.018	0.023	0.017	0.017
	人均水资源量	0.013	0.004	0.005	0.014	0.004	0.005	0.019	0.022	0.023	0.031	0.031
	耕地面积占全区耕地面积比例	0.009	0.021	0.024	0.020	0.030	0.011	0.020	0.018	0.015	0.017	0.014

续表 4-3

指标		I 大兴安岭北段山地落叶针叶林区	II 大兴安岭北段西侧森林草原区	III 呼伦贝尔平原草原区	IV 大兴安岭中段山地草原森林区	V 松辽平原东部山前台地针阔叶混交林区	VI 松辽平原中部森林草原区	VII 西辽河平原草原区	VIII 大兴安岭南段草原区	IX 内蒙古高原东部草原区	X 鄂尔多斯及内蒙古高原西部荒漠草原区	XI 阿拉善与河西走廊荒漠区
土地资源协同调	森林面积占全区森林面积比例	0.027	0.021	0.019	0.020	0.017	0.038	0.016	0.018	0.015	0.014	0.017
	草原面积占全区草原面积比例	0.018	0.025	0.028	0.014	0.017	0.038	0.013	0.015	0.015	0.020	0.020
	水资源量占全区水资源量比例	0.027	0.021	0.019	0.020	0.021	0.011	0.016	0.015	0.015	0.014	0.014
土地资源政策响应	农用地整治面积	0.032	0.048	0.016	0.123	0.234	0.050	0.171	0.163	0.107	0.143	0.034
	退耕还林还草面积	0.127	0.167	0.127	0.102	0.026	0.118	0.057	0.061	0.071	0.048	0.118
	矿山恢复治理率	0.127	0.071	0.143	0.061	0.026	0.118	0.057	0.061	0.107	0.095	0.134

表4-4 分区单元土地资源调查监测评价指标值

分区编号	分区名称	土地调查面积/公顷	森林覆盖率/%	草原面积/公顷	水资源总量/万立方米	湿地面积/公顷	优、高等耕地占耕地总面积的比例/%
I	大兴安岭北段山地落叶针叶林区	4896991.54	75.87	369461.08	689863.24	574327.29	0
II	大兴安岭北段西侧森林草原区	3742324.18	21.03	2189987.87	214270.09	381924.92	0.49
III	呼伦贝尔平原草原区	4568198.31	3.60	3656712.3	105461.77	266660.72	0
IV	大兴安岭中段山地草原森林区	11635219.93	64.00	1177653.53	2273515.17	1241777.89	0.18
V	松辽平原东部山前台地针阔叶混交林区	1035586.05	21.35	65342.41	147312.53	95481.59	0
VI	松辽平原中部森林草原区	1338075.38	24.79	297936.27	122518.91	48534.12	0.11
VII	西辽河平原草原区	8044271.84	26.77	1864602.41	515869.08	67097.46	0
VIII	大兴安岭南段草原区	6342621.94	36.58	2251960.02	268419.13	47467.13	0
IX	内蒙古高原东部草原区	34856633.67	12.04	25209985.5	961207.49	908994.87	4.08
X	鄂尔多斯及内蒙古高原西部荒漠草原区	9898727.31	10.13	6431715.64	159833.26	74189.6	20.57
XI	阿拉善与河西走廊荒漠区	26376234.41	7.84	10586419	59653.41	113333.07	43.63

续表 4-4

分区编号	分区名称	土地开发强度/%	垦殖指数/%	永久基本农田面积比例/%	水资源开发利用率/%	万元 GDP 占地面积/公顷·万元⁻¹	绿色矿山数量/个	万元 GDP 水耗/万立方米·万元⁻¹	耕地保有量完成率/%	生态保护红线面积比例/%
I	大兴安岭北段山地落叶针叶林区	0.41	3.91	3.07	0.63	0.056	3	0.006	94.99	67.79
II	大兴安岭北段西侧森林草原区	1.14	5.45	2.12	10.77	0.038	5	0.006	49.96	99.69
III	呼伦贝尔平原草原区	0.82	1.13	0.37	9.65	0.091	5	0.004	40.80	50.24
IV	大兴安岭中段山地草原森林区	0.99	13.19	8.41	3.38	0.135	5	0.014	80.11	52.88
V	松辽平原东部山前台地针阔叶混交林区	1.80	56.07	40.50	19.09	0.022	0	0.033	74.00	3.12
VI	松辽平原中部森林草原区	3.52	41.54	21.60	41.22	0.042	1	0.019	72.84	14.39
VII	西辽河平原草原区	3.82	39.69	18.39	70.62	0.023	85	0.021	50.51	24.91
VIII	大兴安岭南段草原区	2.95	20.70	11.31	56.62	0.012	42	0.013	65.19	31.43
IX	内蒙古高原东部草原区	2.20	7.97	4.64	43.65	0.054	143	0.005	69.50	46.13
X	鄂尔多斯及内蒙古高原西部荒漠草原区	2.64	11.59	7.04	241.00	0.011	65	0.023	67.89	36.64
XI	阿拉善与河西走廊荒漠区	0.42	0.31	0.14	238.04	0.019	22	0.028	55.23	73.43

续表 4.4

分区编号	分区名称	人均耕地面积 /亩·人⁻¹	城镇人均建设用地面积 /亩·人⁻¹	农村人均建设用地面积 /亩·人⁻¹	人均水资源量 /万立方米·人⁻¹	耕地面积占全区耕地面积比例 /%	森林面积占全区森林面积比例 /%	草原面积占全区草原面积比例 /%	水资源量占全区水资源量比例 /%
I	大兴安岭北段山地落叶针叶林区	13.624	0.668	0.000	0.021	1.64	15.22	0.68	12.50
II	大兴安岭北段西侧森林草原区	6.323	0.555	0.275	0.048	1.75	3.22	4.05	3.88
III	呼伦贝尔平原草原区	2.279	0.633	0.058	0.030	4.99	0.67	6.76	1.91
IV	大兴安岭中段山地草原森林区	13.477	1.629	0.575	0.045	13.20	30.51	2.18	41.20
V	松辽平原东部山前台地针阔叶混交林区	26.353	0.422	0.187	0.085	0.44	0.91	0.12	2.67
VI	松辽平原中部森林草原区	11.644	0.765	0.875	0.071	4.78	1.36	0.55	2.22
VII	西辽河平原草原区	10.062	0.485	0.530	0.077	27.45	8.82	3.45	9.35
VIII	大兴安岭南段草原区	5.760	0.323	0.411	0.044	11.29	9.51	4.16	4.86
IX	内蒙古高原东部草原区	3.861	0.292	0.341	0.039	23.90	17.20	46.60	17.42
X	鄂尔多斯及内蒙古高原西部荒漠草原区	3.264	0.331	0.417	0.072	9.86	4.11	11.89	2.90
XI	阿拉善与河西走廊荒漠区	3.048	0.985	0.355	0.348	0.70	8.47	19.57	1.08

续表 4-4

分区编号	分区名称	农用地整治面积/公顷	退耕还林还草面积/万亩	矿山恢复治理率/%
I	大兴安岭北段山地落叶针叶林区	5015.197	0	0.01
II	大兴安岭北段西侧森林草原区	2886.08	0	0.26
III	呼伦贝尔平原草原区	1096.75	0	0.38
IV	大兴安岭中段山地草原森林区	48661.967	1.4559	0.07
V	松辽平原东部山前台地针阔叶混交林区	14868.2436	0.27	0.02
VI	松辽平原中部森林草原区	17650.227	0	0.01
VII	西辽河平原草原区	239294.67	119	0.11
VIII	大兴安岭南段草原区	31649.1376	89	0.10
IX	内蒙古高原东部草原区	114712.189	150.7183	0.16
X	鄂尔多斯及内蒙古高原西部荒漠草原区	188021.013	51.9446	0.13
XI	阿拉善与河西走廊荒漠区	17291.57	2.3587	0.03

表 4-5 调查监测评价指标标准化值

分区编号	分区名称	土地调查面积	森林覆盖率	草原面积	水资源总量	湿地面积	优、高等耕地占耕地总面积的比例
I	大兴安岭北段山地落叶针叶林区	0.114	1	0.012	0.285	0.441	0
II	大兴安岭北段西侧森林草原区	0.080	0.241	0.084	0.070	0.280	0.011
III	呼伦贝尔平原草原区	0.104	0	0.143	0.021	0.184	0
IV	大兴安岭中段山地草原森林区	0.313	0.836	0.044	1	1	0.004
V	松辽平原东部山前台地针阔叶混交林区	0	0.246	0	0.040	0.040	0
VI	松辽平原中部森林草原区	0.009	0.293	0.009	0.028	0.001	0.003
VII	西辽河平原草原区	0.207	0.321	0.072	0.206	0.016	0
VIII	大兴安岭南段草原区	0.157	0.456	0.087	0.094	0	0
IX	内蒙古高原东部草原区	1	0.117	1	0.407	0.721	0.093
X	鄂尔多斯及内蒙古高原西部荒漠草原区	0.262	0.090	0.253	0.045	0.022	0.471
XI	阿拉善与河西走廊荒漠区	0.749	0.059	0.418	0	0.055	1

续表 4-5

分区编号	分区名称	土地开发强度	垦殖指数	永久基本农田面积比例	水资源开发利用率	万元GDP占地面积	绿色矿山数量	万元GDP水耗	耕地保有量完成率	生态保护红线面积比例
I	大兴安岭北段山地落叶针叶林区	1	0.065	0.073	0.669	0.638	0.021	0.921	1	0.670
II	大兴安岭北段西侧森林草原区	0.787	0.092	0.049	0.717	0.784	0.035	0.918	0.169	1
III	呼伦贝尔平原草原区	0.880	0.015	0.006	0.712	0.351	0.035	1	0	0.488
IV	大兴安岭中段山地草原森林区	0.830	0.231	0.205	0.682	0	0.035	0.641	0.726	0.515
V	松辽平原东部山前台地针阔叶混交林区	0.593	1	1	0.756	0.915	0	0	0.613	0
VI	松辽平原中部森林草原区	0.088	0.739	0.532	0.861	0.748	0.007	0.494	0.591	0.117
VII	西辽河平原草原区	0	0.706	0.452	1	0.906	0.594	0.424	0.179	0.226
VIII	大兴安岭南段草原区	0.256	0.366	0.277	0.934	0.997	0.294	0.671	0.450	0.293
IX	内蒙古高原东部草原区	0.475	0.137	0.111	0.873	0.653	1	0.949	0.530	0.445
X	鄂尔多斯及内蒙古高原西部荒漠草原区	0.346	0.202	0.171	0	1	0.455	0.349	0.500	0.347
XI	阿拉善与河西走廊荒漠区	0.997	0	0	0.014	0.941	0.154	0.182	0.266	0.728

续表 4-5

分区编号	分区名称	人均耕地面积	城镇人均建设用地面积	农村人均建设用地面积	人均水资源量	耕地面积占全区耕地面积比例	森林面积占全区森林面积比例	草原面积占全区草原面积比例	水资源量占全区水资源量比例
Ⅰ	大兴安岭北段山地落叶针叶林区	0.471	0.281	0	0	0.044	0.488	0.012	0.285
Ⅱ	大兴安岭北段西侧森林草原区	0.168	0.197	0.314	0.083	0.048	0.086	0.084	0.070
Ⅲ	呼伦贝尔平原草原区	0	0.255	0.066	0.028	0.168	0	0.143	0.021
Ⅳ	大兴安岭中段山地草原森林区	0.465	1	0.656	0.074	0.472	1	0.044	1
Ⅴ	松辽平原东部山前台地针阔叶混交林区	1	0.097	0.214	0.197	0	0.008	0	0.040
Ⅵ	松辽平原中部森林草原区	0.389	0.353	1	0.152	0.160	0.023	0.009	0.028
Ⅶ	西辽河平原草原区	0.323	0.144	0.605	0.171	1	0.273	0.072	0.206
Ⅷ	大兴安岭南段草原区	0.145	0.023	0.469	0.073	0.402	0.296	0.087	0.094
Ⅸ	内蒙古高原东部草原区	0.066	0	0.390	0.057	0.868	0.554	1	0.407
Ⅹ	鄂尔多斯及内蒙古高原西部荒漠草原区	0.041	0.029	0.477	0.158	0.349	0.115	0.253	0.045
Ⅺ	阿拉善与河西走廊荒漠区	0.032	0.518	0.406	1	0.009	0.261	0.418	0

续表 4-5

分区编号	分区名称	农用地整治面积	退耕还林还草面积	矿山恢复治理率
Ⅰ	大兴安岭北段山地落叶针叶林区	0.016	0	0.020
Ⅱ	大兴安岭北段西侧森林草原区	0.008	0	0.690
Ⅲ	呼伦贝尔平原草原区	0	0	1
Ⅳ	大兴安岭中段山地草原森林区	0.200	0.010	0.155
Ⅴ	松辽平原东部山前台地针阔叶混交林区	0.058	0.002	0.029
Ⅵ	松辽平原中部森林草原区	0.069	0	0
Ⅶ	西辽河平原草原区	1	0.790	0.287
Ⅷ	大兴安岭南段草原区	0.128	0.591	0.235
Ⅸ	内蒙古高原东部草原区	0.477	1	0.405
Ⅹ	鄂尔多斯及内蒙古高原西部荒漠草原区	0.785	0.345	0.326
Ⅺ	阿拉善与河西走廊荒漠区	0.068	0.016	0.064

4.2.2.2 指标测算数值

运用综合加权公式（4-3），测算每一个区域的土地资源评价分值。结果见表4-6。

$$s_i = w_{ij} x_{ij} \tag{4-3}$$

式中，s_i 第 i 区域评价分值；w_{ij} 为第 i 区域第 j 项指标权重；x_{ij} 为第 i 区域第 j 项指标标准化值。

表 4-6　内蒙古分区域土地资源调查监测评价综合分值

分区编号	分区名称	土地资源基本状况分值	土地资源开发利用与保护分值	土地资源协同协调性分值	土地资源政策响应分值	综合分值
I	大兴安岭北段山地落叶针叶林区	41.138	44.248	22.305	1.057	28.093
II	大兴安岭北段西侧森林草原区	14.943	31.745	13.137	17.252	21.344
III	呼伦贝尔平原草原区	10.002	37.437	11.158	50.000	31.402
IV	大兴安岭中段山地草原森林区	57.297	33.965	63.460	12.243	36.964
V	松辽平原东部山前台地针阔叶混交林区	5.314	59.652	29.535	5.014	28.09
VI	松辽平原中部森林草原区	7.420	33.684	20.442	1.215	16.883
VII	西辽河平原草原区	11.097	51.908	36.908	81.250	49.421
VIII	大兴安岭南段草原区	14.465	39.038	20.172	24.919	27.043
IX	内蒙古高原东部草原区	53.635	58.868	37.644	57.835	54.418
X	鄂尔多斯及内蒙古高原西部荒漠草原区	24.250	39.426	19.117	55.841	37.97
XI	阿拉善与河西走廊荒漠区	29.696	29.005	42.027	4.445	23.991

如表4-6所示，自治区各个区域土地资源调查监测评价综合分值普遍较低，最高区域为IX内蒙古高原东部草原区，综合分值也仅为54.418，刚超过50；半数地区综合分值低于30，综合分值较低区域为VI松辽平原中部森林草原区，仅为16.883。对比情况见图4-1。

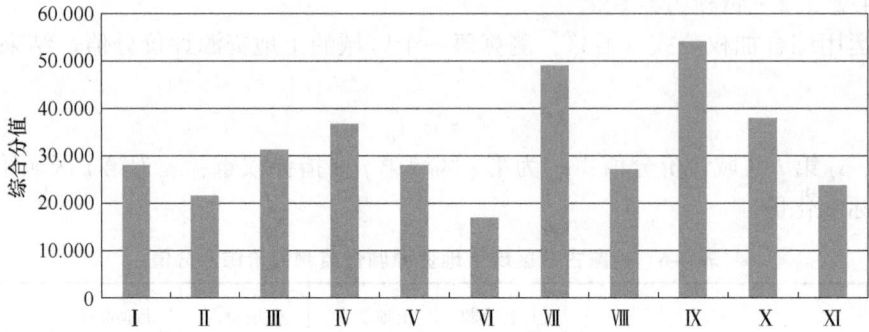

图4-1 内蒙古分区土地资源调查监测评价综合分值

各单项评价分值中，土地资源基本情况分值最高的为Ⅳ大兴安岭中段山地草原森林区，分值为57.297，最低的为Ⅴ松辽平原东部山前台地针阔叶混交林区，分值为5.314；土地资源开发利用与保护分值最高的为Ⅴ松辽平原东部山前台地针阔叶混交林区，分值为59.652，最低的为Ⅺ阿拉善与河西走廊荒漠区，分值为29.005；土地资源协同协调性分值最高的为Ⅳ大兴安岭中段山地草原森林区，分值为63.460，最低的为Ⅲ呼伦贝尔平原草原区，分值为11.158；土地资源政策响应分值最高的为Ⅶ西辽河平原草原区，分值为81.250，最低的为Ⅰ大兴安岭北段山地落叶针叶林区，分值为1.057。具体情况见图4-2。

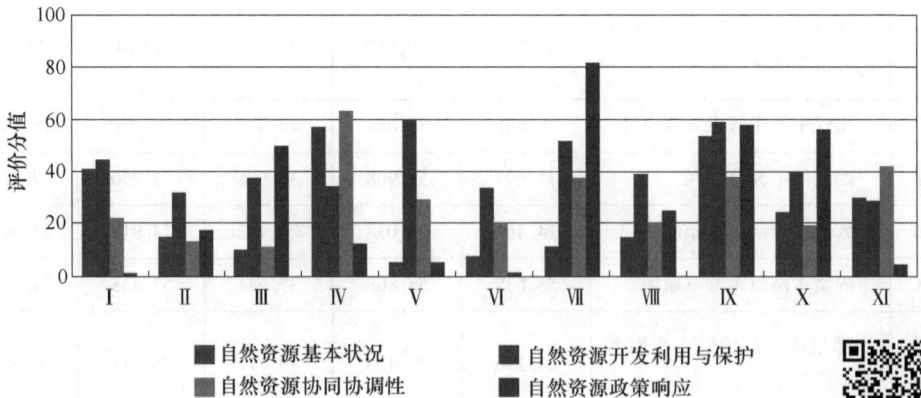

■ 自然资源基本状况　　　　　■ 自然资源开发利用与保护
■ 自然资源协同协调性　　　　■ 自然资源政策响应

图4-2 内蒙古分区土地资源调查监测评价各单项评价分值

图4-2 彩图

4.2.3 土地资源调查监测评价结果分析

4.2.3.1 土地资源基本状况

经数据统计，内蒙古自治区土地调查面积112.74万平方公里，其中土地调查面积最大的是Ⅸ内蒙古高原东部草原区，面积为34.86万平方公里，土地调查面积最小的是Ⅴ松辽平原东部山前台地针阔叶混交林区，面积为1.04万平方公里；全区森林覆盖率为21.65%，11个区森林覆盖率差异明显，森林覆盖率最高的Ⅰ大兴安岭北段山地落叶针叶林区，高达75.87%，最低的是Ⅲ呼伦贝尔平原草原区，仅为3.60%，且半数地区森林覆盖率低于全区平均水平（区域分布情况见图4-3）。

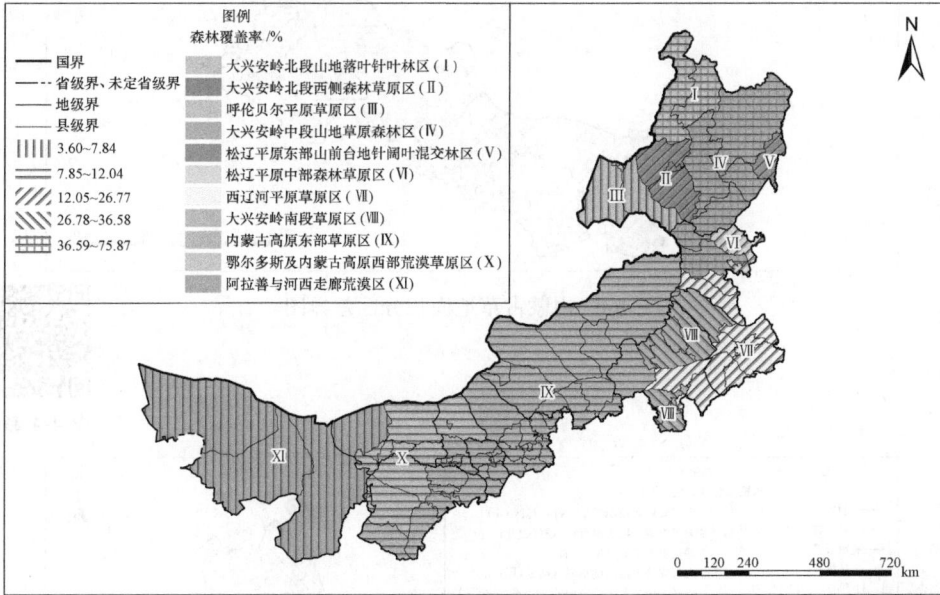

图4-3 内蒙古森林覆盖率分区差异图

图4-3彩图

　　全区草地面积54.10万平方公里，主要集中分布在Ⅷ大兴安岭南段草原区、Ⅸ内蒙古高原东部草原区、Ⅹ鄂尔多斯及内蒙古高原西部荒漠草原区，这3个地区的草地总面积为33.89万平方公里，占全区草地面积的62.64%，区域分布情况见图4-4，全区水资源总量551.79亿立方米，11个区水资源分配极为不匀，最多的Ⅳ大兴安岭中段山地草原森林区（227.35亿立方米）是最少的Ⅺ阿拉善与河西走廊荒漠区（6.0亿立方米）的37.89倍，区域分布情况见图4-5。

　　全区湿地面积381.98万公顷，各区域湿地面积最大的是Ⅳ大兴安岭中段山地草原森林区，为124.18万公顷，最小的是Ⅷ大兴安岭南段草原区，为4.75万公顷，分布情况见图4-6。内蒙古优、高等耕地面积较少，多数耕地等别不高，11个区域中，优、高等耕地占耕地总面积的比例较高的是Ⅺ阿拉善与河西走廊荒漠区和Ⅹ鄂尔多斯及内蒙古高原西部荒漠草原区，分别是43.63%和20.57%。

图例
草地面积/公顷

大兴安岭北段山地落叶针叶林区（Ⅰ）
大兴安岭北段西侧森林草原区（Ⅱ）
呼伦贝尔平原草原区（Ⅲ）
大兴安岭中段山地草原森林区（Ⅳ）
松辽平原东部山前台地针阔叶混交林区（Ⅴ）
松辽平原中部森林草原区（Ⅵ）
西辽河平原草原区（Ⅶ）
大兴安岭南段草原区（Ⅷ）
内蒙古高原东部草原区（Ⅸ）
鄂尔多斯及内蒙古高原西部荒漠草原区（Ⅹ）
阿拉善与河西走廊荒漠区（Ⅺ）

国界
省级界、未定省级界
地级界
县级界
65342.41~369461.08
369461.09~1864602.41
1864602.42~365672.30
365672.31~10586419.00
10586419.01~25209985.50

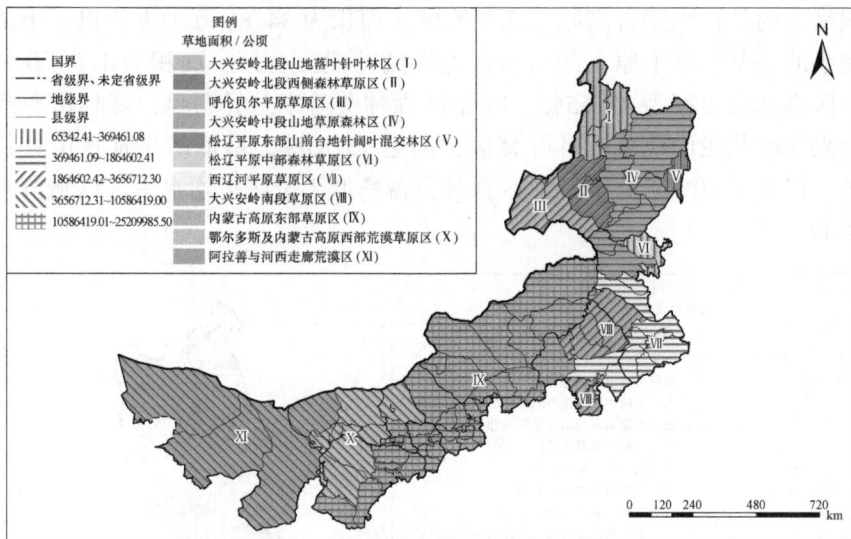

图 4-4　内蒙古草地面积分区差异图

图 4-4 彩图

图例
水资源总量/万立方米

大兴安岭北段山地落叶针叶林区（Ⅰ）
大兴安岭北段西侧森林草原区（Ⅱ）
呼伦贝尔平原草原区（Ⅲ）
大兴安岭中段山地草原森林区（Ⅳ）
松辽平原东部山前台地针阔叶混交林区（Ⅴ）
松辽平原中部森林草原区（Ⅵ）
西辽河平原草原区（Ⅶ）
大兴安岭南段草原区（Ⅷ）
内蒙古高原东部草原区（Ⅸ）
鄂尔多斯及内蒙古高原西部荒漠草原区（Ⅹ）
阿拉善与河西走廊荒漠区（Ⅺ）

国界
省级界、未定省级界
地级界
县级界
59653.41~122518.91
122518.92~268419.13
268419.14~689863.24
689863.25~961207.49
961207.50~2273515.17

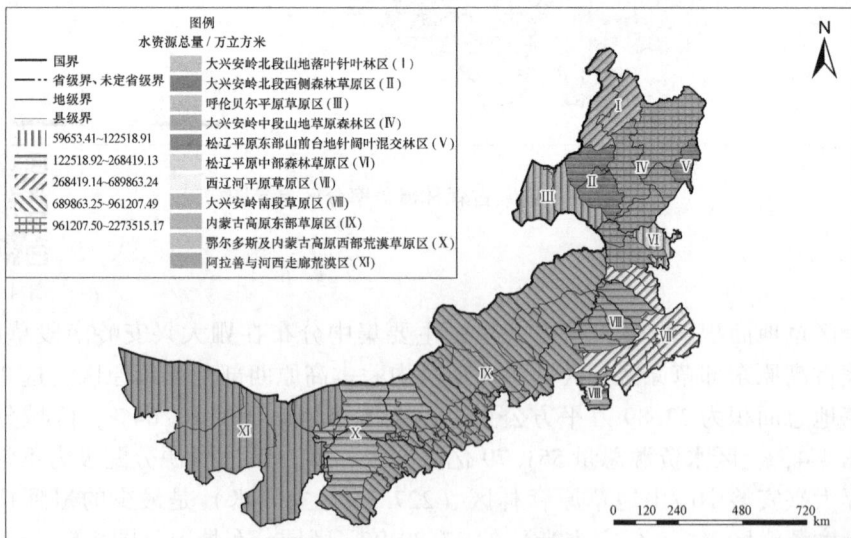

图 4-5　内蒙古水资源总量分区差异图

图 4-5 彩图

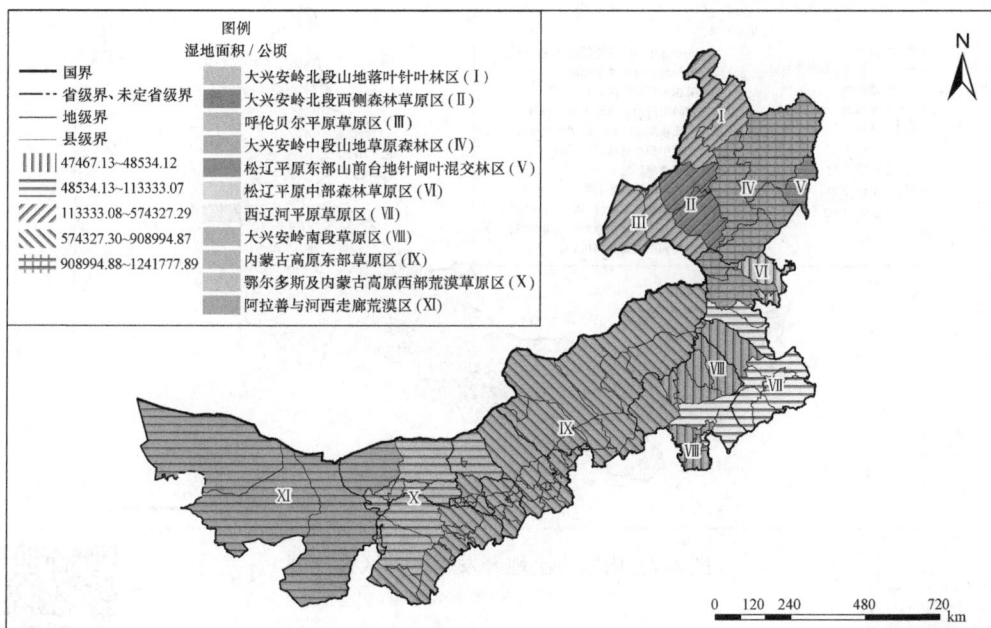

图 4-6　内蒙古湿地面积分区差异图

4.2.3.2　土地资源开发利用与保护

内蒙古自治区土地开发强度为 1.7%，11 个区域中，Ⅵ松辽平原中部森林草原区和Ⅶ西辽河平原草原区土地开发强度较高，分别为 3.52% 和 3.82%，土地开发强度较低的地区是 I 大兴安岭北段山地落叶针叶林区和ⅩI阿拉善与河西走廊荒漠区，分别是 0.41% 和 0.42%，分区差异情况见图 4-7。

自治区垦殖指数是 10.32%，11 个区域垦殖指数差异明显，其中最高的Ⅴ松辽平原东部山前台地针阔叶混交林区（56.07%）是最低的ⅩI阿拉善与河西走廊荒漠区（0.31%）的 180.87 倍。内蒙古自治区永久基本农田比例为 4.99%，11 个区域中，永久基本农田面积比例最高的是Ⅴ松辽平原东部山前台地针阔叶混交林区，为 40.50%，最低的是ⅩI阿拉善与河西走廊荒漠区，为 0.14%。内蒙古自治区水资源开发利用率差异明显，其中Ⅹ鄂尔多斯及内蒙古高原西部荒漠草原区和ⅩI阿拉善与河西走廊荒漠区水资源开发利用率远超 100%，属超负荷地区，I大兴安岭北段山地落叶针叶林区和Ⅳ大兴安岭中段山地草原森林区水资源开发利用程度较低，仅为 0.63% 和 3.38%，水资源开发利用率较优地区是Ⅶ西辽河平原草原区和Ⅷ大兴安岭南段草原区，分别为 70.62% 和 56.62%，地区差异情况见图 4-8。11 个区域中用地

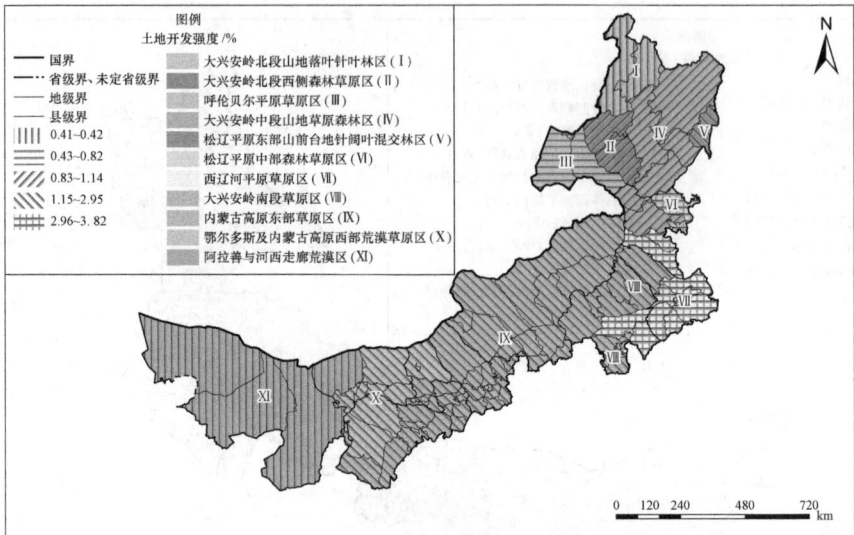

图 4-7　内蒙古土地开发强度分区差异图

图 4-7 彩图

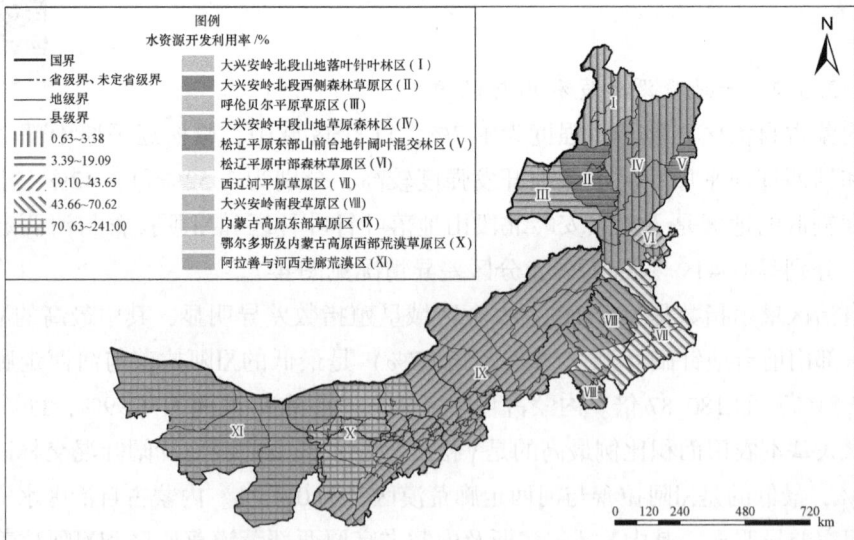

图 4-8　内蒙古水资源开发利用率分区差异图

图 4-8 彩图

效益较高地区即万元 GDP 占地面积最小地区为Ⅷ大兴安岭南段草原区和Ⅹ鄂尔多斯及内蒙古高原西部荒漠草原区，分别为 0.012 公顷/万元和 0.011 公顷/万元，用地效益较差地区是Ⅳ大兴安岭中段山地草原森林区，为 0.135 公顷/万元，地区差异情况见图 4-9。

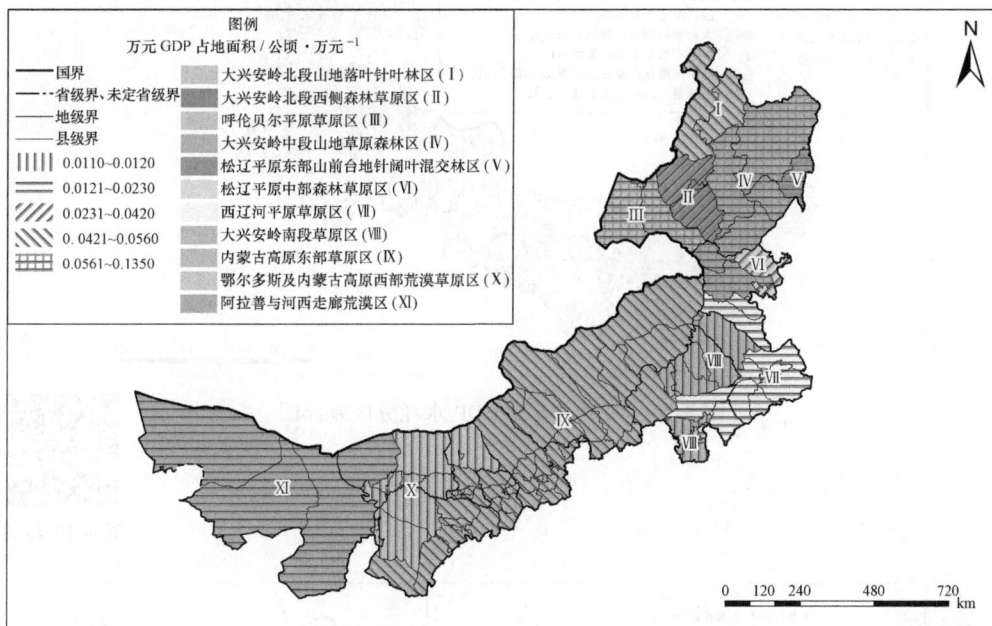

图 4-9　内蒙古万元 GDP 占地面积分区差异图

图 4-9 彩图

内蒙古自治区绿色矿山数量共 376 个，其中最多的是Ⅸ内蒙古高原东部草原区，为 143 个。Ⅴ松辽平原东部山前台地针阔叶混交林区内没有绿色矿山；11 个区域内用水效益最高即万元 GDP 水耗最小地区为Ⅲ呼伦贝尔平原草原区，指标值为 0.004 万立方米/万元，用水效益最差地区为Ⅴ松辽平原东部山前台地针阔叶混交林区，指标值为 0.033 万立方米/万元，地区差异见图 4-10。全区耕地保有量完成率整体较好，多数地区比例均在 50%，最高是Ⅰ大兴安岭北段山地落叶针叶林区，为 94.99%，最低是Ⅲ呼伦贝尔平原草原区，为 40.80%。全区各区中，生态保护红线面积比例差异明显，最高的Ⅱ大兴安岭北段西侧森林草原区，指标值为 99.69%，最低的Ⅴ松辽平原东部山前台地针阔叶混交林区，指标值仅为 3.12%，地区差异情况见图 4-11。

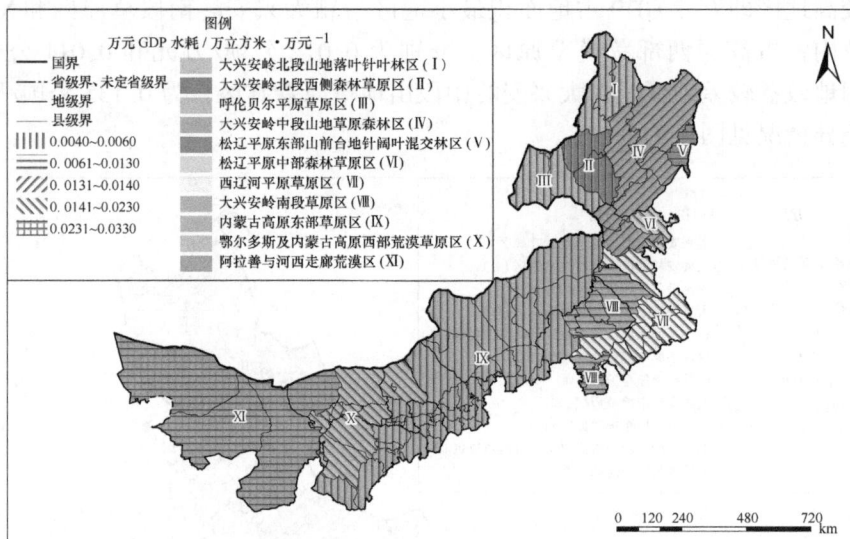

图 4-10 内蒙古万元 GDP 水耗分区差异图

图 4-10 彩图

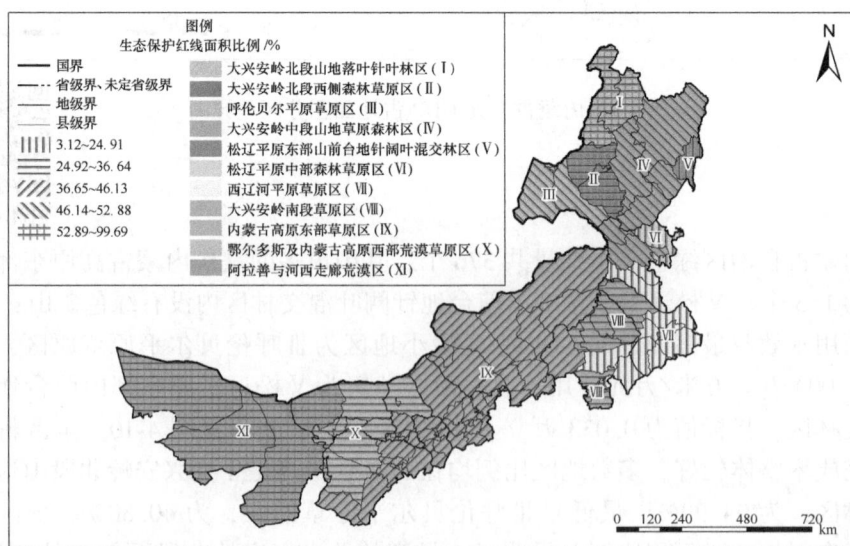

图 4-11 内蒙古生态保护红线面积比例分区差异图

图 4-11 彩图

4.2.3.3 土地资源协同协调性

内蒙古自治区人均耕地面积6.89亩/人，11个区域中，人均耕地最大的是V松辽平原东部山前台地针阔叶混交林区，为26.353亩/人，人均耕地面积最小的是Ⅲ呼伦贝尔平原草原区，为2.279亩/人，区域差异情况见图4-12；内蒙古自治区人均城镇建设用地面积0.23亩/人，各区域中人均城镇建设用地面积差异较小，最大的是Ⅳ大兴安岭中段山地草原森林区，为1.629亩/人，最小是Ⅸ内蒙古高原东部草原区，为0.292亩/人，区域差异情况见图4-13；内蒙古自治区农村人均建设用地面积0.49亩/人，11个区中，多数人均面积低于0.5亩/人，最大的是Ⅵ松辽平原中部森林草原区，为0.875亩/人，最小的是Ⅰ大兴安岭北段山地落叶针叶林区，区域内全部为城镇人口，指标值为0；全区人均水资源量最大的是Ⅺ阿拉善与河西走廊荒漠区，为0.348万立方米/人，最小的是Ⅰ大兴安岭北段山地落叶针叶林区，为0.021万立方米/人，区域差异情况见图4-14。

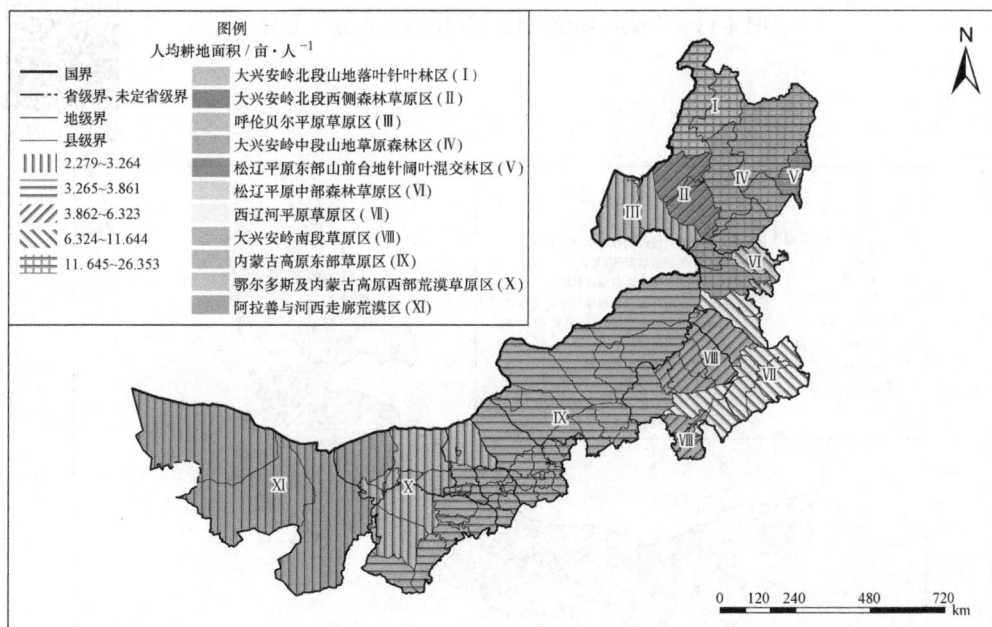

图 4-12 内蒙古人均耕地面积分区差异图

图 4-12 彩图

图例
城镇人均建设用地面积 / 亩·人⁻¹

—— 国界	大兴安岭北段山地落叶针叶林区（Ⅰ）
-··- 省级界、未定省级界	大兴安岭北段西侧森林草原区（Ⅱ）
—— 地级界	呼伦贝尔平原草原区（Ⅲ）
—— 县级界	大兴安岭中段山地草原森林区（Ⅳ）
0.2920~0.2921	松辽平原东部山前台地针阔叶混交林区（Ⅴ）
0.2922~0.4220	松辽平原中部森林草原区（Ⅵ）
0.4221~0.6680	西辽河平原草原区（Ⅶ）
0.6681~0.9850	大兴安岭南段草原区（Ⅷ）
0.9851~1.6290	内蒙古高原东部草原区（Ⅸ）
	鄂尔多斯及内蒙古高原西部荒漠草原区（Ⅹ）
	阿拉善与河西走廊荒漠区（Ⅺ）

0 120 240   480   720 km

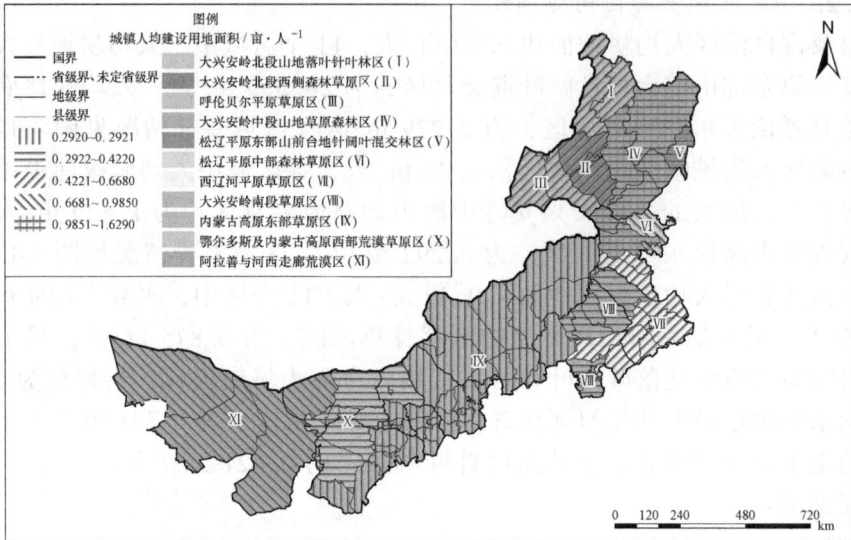

图 4-13　内蒙古城镇人均建设用地面积分区差异图

图 4-13 彩图

图例
人均水资源量 / 万立方米·人⁻¹

—— 国界	大兴安岭北段山地落叶针叶林区（Ⅰ）
-··- 省级界、未定省级界	大兴安岭北段西侧森林草原区（Ⅱ）
—— 地级界	呼伦贝尔平原草原区（Ⅲ）
—— 县级界	大兴安岭中段山地草原森林区（Ⅳ）
0.0210~0.0300	松辽平原东部山前台地针阔叶混交林区（Ⅴ）
0.0301~0.0390	松辽平原中部森林草原区（Ⅵ）
0.0391~0.0480	西辽河平原草原区（Ⅶ）
0.0481~0.0850	大兴安岭南段草原区（Ⅷ）
0.0851~0.3480	内蒙古高原东部草原区（Ⅸ）
	鄂尔多斯及内蒙古高原西部荒漠草原区（Ⅹ）
	阿拉善与河西走廊荒漠区（Ⅺ）

0 120 240   480   720 km

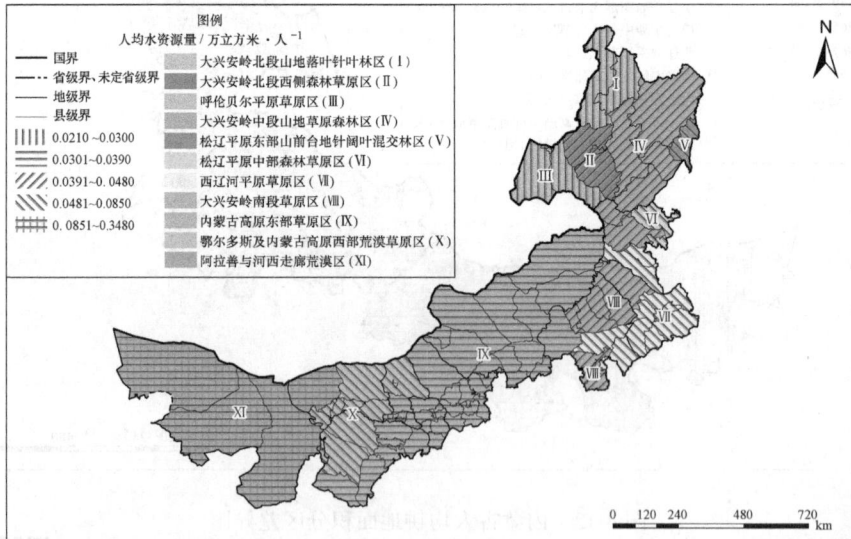

图 4-14　内蒙古人均水资源量分区差异图

图 4-14 彩图

　　11个分区中，耕地面积占全区耕地面积比重较大的有Ⅶ西辽河平原草原区、Ⅸ内蒙古高原东北部草原区，分别为27.45%和23.90%，耕地比例较低的有Ⅴ松辽平原东部山前台地针阔叶混交林区、Ⅺ阿拉善与河西走廊荒漠区，分别为0.44%、0.70%；森林占全区森林面积比重较高的是Ⅳ大兴安岭中段山地草原森林区，为30.51%，较低的是Ⅲ呼伦贝尔平原草原区，为0.67%，分区差异情况见图4-15；草原占全区草原比例较高的是Ⅸ内蒙古高原东北部草原区，为46.60%，较低的是Ⅴ松辽平原东部山前台地针阔叶混交林区，为0.12%，分区差异情况见图4-16；水资源量占全区水资源量比重较高的是Ⅳ大兴安岭中段山地草原森林区，为41.20%，最低的是Ⅺ阿拉善与河西走廊荒漠区，为1.08%，分区差异情况见图4-17。

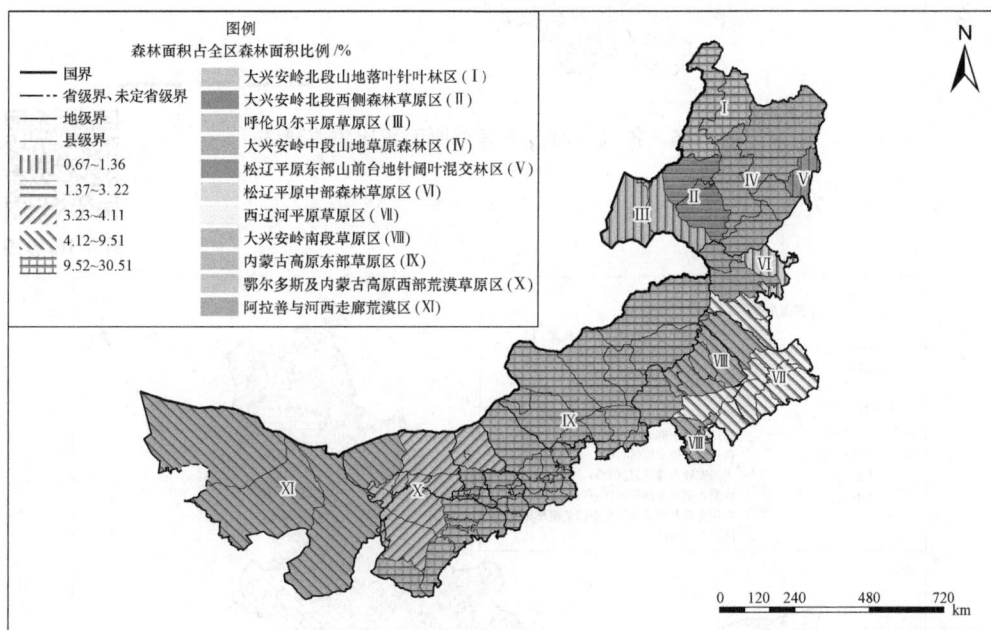

图4-15　各区森林占全区森林面积比重差异图

图4-15 彩图

4.2.3.4　土地资源政策响应

　　内蒙古自治区农用地整治面积68.12万公顷，其中整治面积最大的是Ⅶ西辽河平原草原区，为23.93万公顷，整治面积最小的是Ⅲ呼伦贝尔平原草原区，为0.11万公顷；全区退耕还林还草面积共414.75万亩，11个区退耕还林还草面积最大的是Ⅸ内蒙古高原东部草原区，退耕面积150.72万亩。Ⅰ大兴安岭北段山

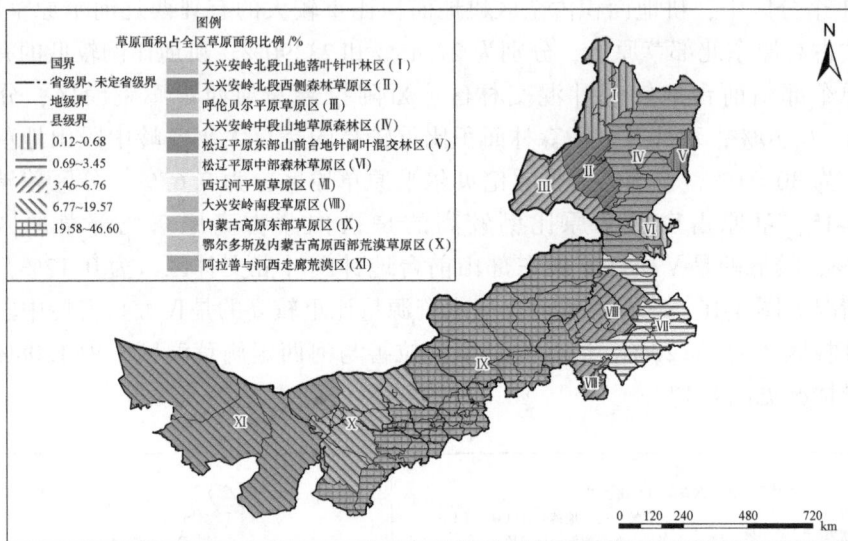

图 4-16 各区草原占全区草原面积比重差异图

图 4-16 彩图

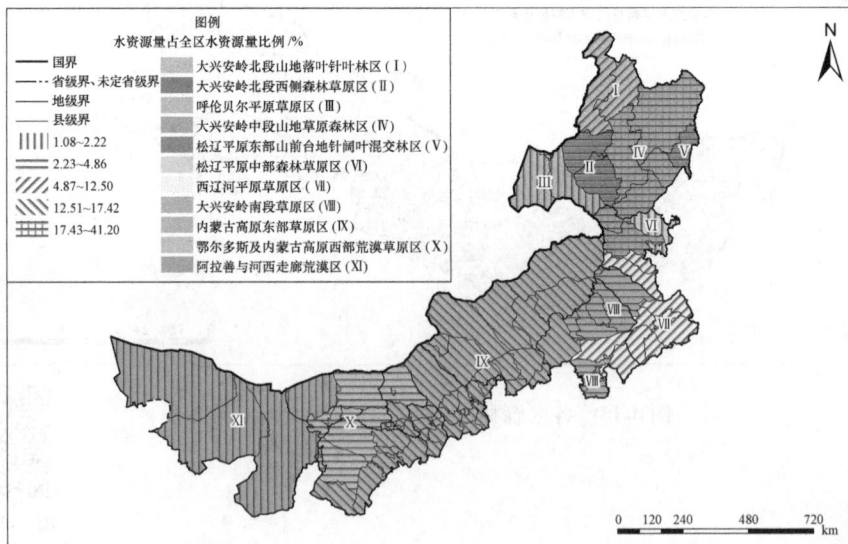

图 4-17 各区水资源量占全区水资源总量差异图

图 4-17 彩图

地落叶针叶林区、Ⅱ大兴安岭北段西侧森林草原区、Ⅲ呼伦贝尔平原草原区、Ⅵ松辽平原中部森林草原区等区域不涉及退耕还林还草任务；内蒙古自治区矿山恢复治理率普遍不高，11个区域中，较高的是Ⅲ呼伦贝尔平原草原区，为0.38%，较低的是Ⅰ大兴安岭北段山地落叶针叶林区和Ⅵ松辽平原中部森林草原区，治理率均为0.01%。

5 土地资源调查监测专题分析

5.1 单指标时间序列分析

5.1.1 耕地面积

2018 年，内蒙古自治区耕地面积 9193621.16 公顷，占土地面积的 8.08%，2009 年全区耕地面积 9110903.67 公顷，占 8.16%；9 年间，耕地面积共增加 82717.49 公顷，增长 0.91%，年均增长率为 0.1%，2009～2018 年耕地面积变化情况见表 5-1、图 5-1。

表 5-1 自治区耕地面积变化情况

年 份	耕地面积/公顷	变化率/%
2009	9110903.67	—
2010	9109203.46	−0.02
2011	9111042.04	0.02
2012	9108589.8	−0.03
2013	9120444.03	0.13
2014	9153630.61	0.36
2015	9160378.27	0.07
2016	9179722.96	0.21
2017	9192783.1	0.14
2018	9193621.16	0.01

图 5-1 显示，2009～2012 年间全区耕地面积变化较为平稳，处在微弱波动期。2013～2017 年耕地面积有较大增幅，整体增幅为 0.79%，其中 2013～2014 年耕地面积增幅较明显，仅一年就达 0.36%。

11 个区中，除 I 大兴安岭北段山地落叶针叶林区和 V 松辽平原东部山前台

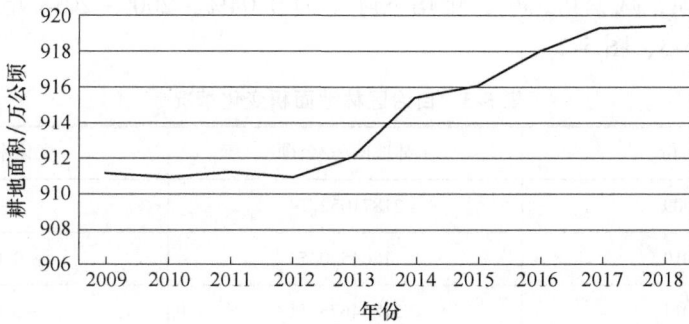

图 5-1 自治区历年耕地面积变化情况

地针阔叶混交林区耕地面积有所减少外（9 年间分别减少 172.56 公顷和 1275.43 公顷），其余地区耕地面积均有所增加，其中，增加最大区域为Ⅶ西辽河平原草原区，2009~2018 年耕地面积共增加 48769 公顷；增量最小区域为Ⅲ呼伦贝尔平原草原区，9 年间增加 70.97 公顷。具体情况见表 5-2。

表 5-2 2009~2018 年自治区分区域耕地面积变化情况

分区编号	分区名称	耕地面积变化量/公顷
Ⅰ	大兴安岭北段山地落叶针叶林区	−172.56
Ⅱ	大兴安岭北段西侧森林草原区	2540.59
Ⅲ	呼伦贝尔平原草原区	70.97
Ⅳ	大兴安岭中段山地草原森林区	35203.31
Ⅴ	松辽平原东部山前台地针阔叶混交林区	−1275.43
Ⅵ	松辽平原中部森林草原区	40843.26
Ⅶ	西辽河平原草原区	48769
Ⅷ	大兴安岭南段草原区	12497.88
Ⅸ	内蒙古高原东部草原区	13460.28
Ⅹ	鄂尔多斯及内蒙古高原西部荒漠草原区	26864.85
Ⅺ	阿拉善与河西走廊荒漠区	997.07

5.1.2 林地面积

2018 年，内蒙古自治区林地面积 21798936.87 公顷，占土地面积的 19.34%，2009 年全区林地面积 21871052.74 公顷，占 19.40%；9 年间林地面积共减少

72115. 87 公顷，减少 0. 33%，年均下降率为 0. 04%，2009～2018 年林地面积变化情况见表 5-3、图 5-2。

表 5-3   自治区林地面积变化情况

年 份	林地面积/公顷	变化率/%
2009	21871052. 74	—
2010	21864520. 54	−0. 03
2011	21854675. 11	−0. 05
2012	21846547. 16	−0. 04
2013	21836284. 01	−0. 05
2014	21819994. 64	−0. 07
2015	21817019. 60	−0. 01
2016	21808002. 94	−0. 04
2017	21801894. 40	−0. 03
2018	21798936. 87	−0. 01

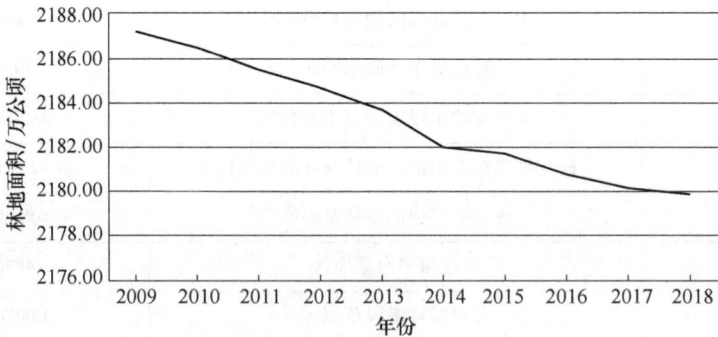

图 5-2   自治区历年林地面积变化情况

图 5-2 显示，2009～2018 年间林地面积整体呈现下降趋势，2009～2013 年下降趋势较大，下降率为 0. 16%，年均下降率为 0. 04%；2014～2018 年下降趋势有所缓和，下降率为 0. 1%，年均下降率为 0. 02%。

11 个区中，2009～2018 年间，除Ⅰ大兴安岭北段山地落叶针叶林区和Ⅵ松辽平原中部森林草原区林地面积有所增加外（分别增加 66. 36 公顷和 7317. 89 公顷），其余区域林地面积均有所减少。其中减少最多区域为Ⅸ内蒙古高原东部草原区，2009~2018 年间减少面积达 27053 公顷，减少较少区域为Ⅲ呼伦贝尔平原草原区，9 年间林地面积共减少 53.99 公顷。具体情况见表 5-4。

表 5-4　2009~2018 年自治区分区域林地面积变化情况

分区编号	分区名称	林地面积变化量/公顷
Ⅰ	大兴安岭北段山地落叶针叶林区	66.36
Ⅱ	大兴安岭北段西侧森林草原区	-370.47
Ⅲ	呼伦贝尔平原草原区	-53.99
Ⅳ	大兴安岭中段山地草原森林区	-14258.98
Ⅴ	松辽平原东部山前台地针阔叶混交林区	-38.81
Ⅵ	松辽平原中部森林草原区	7317.89
Ⅶ	西辽河平原草原区	-20194.49
Ⅷ	大兴安岭南段草原区	-11845.43
Ⅸ	内蒙古高原东部草原区	-27053
Ⅹ	鄂尔多斯及内蒙古高原西部荒漠草原区	-2314.12
Ⅺ	阿拉善与河西走廊荒漠区	-3370.83

5.1.3　草地面积

2018 年，内蒙古自治区草地面积 58920846.29 公顷，占土地面积的 52.46%，2009 年全区草地面积 59144948.04 公顷，占 52.26%；9 年间草地面积减少 224101.75 公顷，减少 0.38%，年均下降率为 0.04%，2009~2018 年草地面积变化情况见表 5-5、图 5-3。

表 5-5　自治区草地面积变化情况

年份	草地面积/公顷	变化率/%
2009	59144948.04	—
2010	59114758.1	-0.05
2011	59093143.83	-0.04
2012	59074865.86	-0.03
2013	59051523.38	-0.04

年份	草地面积/公顷	变化率/%
2014	59016224.85	−0.06
2015	58973977.22	−0.07
2016	58953562.87	−0.03
2017	58931089.34	−0.04
2018	58920846.29	−0.02

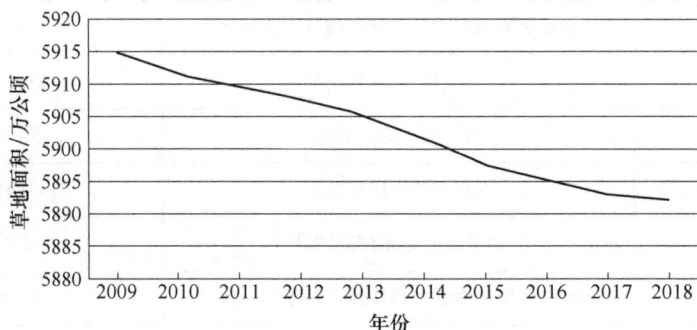

图 5-3　自治区历年草地面积变化情况

　　图 5-3 显示，2009~2018 年间草地面积整体呈现下降趋势，下降趋势最大的出现在 2014~2015 年间，下降率为 0.07%，下降趋势最小的在 2017~2018 年间，下降率为 0.02%；2015 年后，草地面积减少率显现放缓趋势。

　　11 个区中，除Ⅰ大兴安岭北段山地落叶针叶林区和Ⅵ松辽平原中部森林草原区草地面积有所增加外（9 年间分别增加 203.02 公顷和 80643.61 公顷），其余地区草地面积均有所减少，其中，减少最多区域为Ⅳ大兴安岭中段山地草原森林区，2009~2018 年共减少 94977.40 公顷；减少较低区域为Ⅴ松辽平原东部山前台地针阔叶混交林区，9 年间减少 475.31 公顷。具体情况见表 5-6。

表 5-6　2009~2018 年自治区分区域草地面积变化情况

分区编号	分区名称	草地面积变化量/公顷
Ⅰ	大兴安岭北段山地落叶针叶林区	203.02
Ⅱ	大兴安岭北段西侧森林草原区	−8902.05
Ⅲ	呼伦贝尔平原草原区	−6174.77

分区编号	分区名称	草地面积变化量/公顷
IV	大兴安岭中段山地草原森林区	-94977.4
V	松辽平原东部山前台地针阔叶混交林区	-475.31
VI	松辽平原中部森林草原区	80643.61
VII	西辽河平原草原区	-49276.97
VIII	大兴安岭南段草原区	-18201.95
IX	内蒙古高原东部草原区	-78126.30
X	鄂尔多斯及内蒙古高原西部荒漠草原区	-36182.61
XI	阿拉善与河西走廊荒漠区	-12631.02

5.1.4 湿地面积

2018 年，内蒙古自治区湿地面积 1520669.9 公顷，占土地面积的 1.35%，2009 年全区湿地面积 1532360.43 公顷，占 1.36%；9 年间湿地面积减少 11690.53 公顷，减少 0.76%，年均下降率为 0.08%，2009~2018 年湿地面积变化情况见表 5-7、图 5-4。

表 5-7 自治区湿地面积变化情况

年份	湿地面积/公顷	变化率/%
2009	1532360.43	—
2010	1530757.39	-0.10
2011	1528895.04	-0.12
2012	1527736.25	-0.08
2013	1526920.05	-0.05
2014	1525121.86	-0.12
2015	1522875.39	-0.15
2016	1522512.32	-0.02
2017	1520974.73	-0.10
2018	1520669.9	-0.02

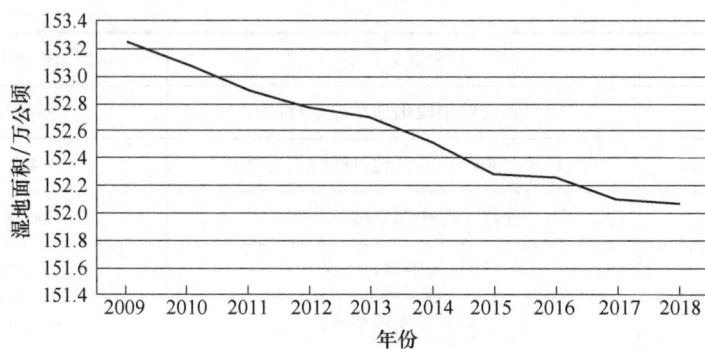

图 5-4 自治区历年湿地面积变化情况

图 5-4 显示，2009~2018 年间湿地面积整体呈现下降趋势，下降趋势最大的出现在 2014~2015 年间，下降率为 0.15%，下降趋势最小的在 2015~2016 年和 2017~2018 年间，下降率为 0.02%；2015 年后，湿地面积减少率显现放缓趋势。

11 个区中，仅Ⅵ松辽平原中部森林草原区湿地面积有所增加，9 年间增加 2513.10 公顷，其余地区湿地面积均有所减少，其中，减少最多区域为Ⅳ大兴安岭中段山地草原森林区，2009~2018 年湿地面积共减少 3968.54 公顷；减少较低区域为Ⅲ呼伦贝尔平原草原区，9 年间减少 28.80 公顷。具体情况见表 5-8。

表 5-8 2009~2018 年自治区分区域湿地面积变化情况

分区编号	分区名称	湿地面积变化量/公顷
Ⅰ	大兴安岭北段山地落叶针叶林区	-1151.77
Ⅱ	大兴安岭北段西侧森林草原区	-239.92
Ⅲ	呼伦贝尔平原草原区	-28.80
Ⅳ	大兴安岭中段山地草原森林区	-3968.54
Ⅴ	松辽平原东部山前台地针阔叶混交林区	-235.46
Ⅵ	松辽平原中部森林草原区	2513.10
Ⅶ	西辽河平原草原区	-2591.56
Ⅷ	大兴安岭南段草原区	-1522.09
Ⅸ	内蒙古高原东部草原区	-1972.79
Ⅹ	鄂尔多斯及内蒙古高原西部荒漠草原区	-1223.30
Ⅺ	阿拉善与河西走廊荒漠区	-1269.40

5.1.5 城镇建设用地面积

2018 年，内蒙古自治区城镇建设用地面积 405181 公顷，占土地面积的
0.36%，2009 年全区城镇建设用地面积 306831.68 公顷，占 0.27%；9 年间城镇
建设用地面积增加 98349.32 公顷，增长 32.05%，年均增长率 3.56%，2009～
2018 年城镇建设用地变化情况见表 5-9、图 5-5。

表 5-9 自治区城镇建设用地面积变化情况

年份	城镇建设用地/公顷	变化率/%
2009	306831.68	—
2010	320289.05	4.39
2011	336357.77	5.02
2012	350800.63	4.29
2013	362414.06	3.31
2014	374709.76	3.39
2015	379716.05	1.34
2016	393715.12	3.69
2017	400524.92	1.73
2018	405181	1.16

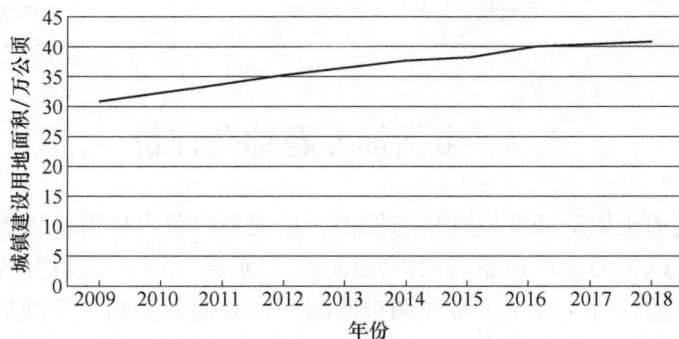

图 5-5 自治区历年城镇建设用地面积变化情况

图 5-5 显示，2009~2018 年间城镇建设用地整体面积呈现增长趋势，2015 年之前增长趋势较大，年增长率都在 3% 以上，2010~2011 年增幅最大为 5.02%；2014~2018 年有所放缓，2017~2018 年增长幅度最小为 1.16%。

2009~2018 年间，11 个区城镇建设用地面积全部有所增加，其中Ⅸ内蒙古高原东部草原区面积增加最大，为 52361 公顷；Ⅴ松辽平原东部山前台地针阔叶混交林区面积增加最小，9 年间城镇建设用地面积共增加 447.34 公顷。具体情况见表 5-10。

表 5-10   自治区城镇建设用地面积变化情况

分区编号	分区名称	城镇建设用地面积变化量/公顷
Ⅰ	大兴安岭北段山地落叶针叶林区	648.14
Ⅱ	大兴安岭北段西侧森林草原区	688.34
Ⅲ	呼伦贝尔平原草原区	953.66
Ⅳ	大兴安岭中段山地草原森林区	7124.85
Ⅴ	松辽平原东部山前台地针阔叶混交林区	447.34
Ⅵ	松辽平原中部森林草原区	2871.11
Ⅶ	西辽河平原草原区	10932.49
Ⅷ	大兴安岭南段草原区	6017.12
Ⅸ	内蒙古高原东部草原区	52361
Ⅹ	鄂尔多斯及内蒙古高原西部荒漠草原区	12725.57
Ⅺ	阿拉善与河西走廊荒漠区	3579.7

5.2   多指标专题综合评价

黄河流域的土地资源开发利用与保护，是现今内蒙古自治区重点关注与研究的内容之一，以黄河流域内蒙古段涉及的 42 个旗县（区）为研究背景，立足区域耕地利用效益评价，以土地资源调查监测评价数据为基础，开展地区耕地利用效益分析评价及其耦合协调度专项研究，以期为黄河流域耕地开发利用、保护提供数据依据。

5.2.1 专题综合评价内容

（1）以黄河流域内蒙古段涉及 42 个旗县（区）为研究单元，针对耕地利用情况，建立符合地域特征的耕地利用效益评价指标体系，开展耕地利用效益综合评价研究。

（2）分析黄河流域内蒙古段地区空间耕地利用效益的经济效益-社会效益-生态效益之间的协调发展程度。

5.2.2 研究方法

5.2.2.1 构建评价指标体系

在已有土地资源调查监测评价数据基础上，补充相关数据，参考相关研究成果，分别从经济、社会、生态三方面构建耕地利用效益评价指标，共计 13 项指标。具体情况见表 5-11。

表 5-11 黄河流域内蒙古段地区耕地利用效益评价指标体系

目标层	准则层	指标层	计算公式	属性
耕地利用综合效益	经济效益 A_1	粮食单产 A_{11}	粮食总量/粮食播种面积	正
		单位面积农业总产值 A_{12}	农业总产值/耕地面积	正
		农业机械化程度 A_{13}	农机总动力/耕地面积	正
		农业增加值 A_{14}	农业增加值	正
	社会效益 A_2	人均粮食生产产量 A_{21}	粮食的总产量/总人口	正
		社会需求满意度 A_{22}	人均粮食生产产量/255 kg	正
		人均耕地总面积 A_{23}	耕地的总面积/总人口	正
		劳动力转移指数 A_{24}	非农业人口总量/总人口	正
		土地垦殖指数 A_{25}	（耕地面积/土地面积）×100%	正
	生态效益 A_3	万元产值能耗 A_{31}	农业耗电总量/农业总产值	负
		复种指数 A_{32}	农作物播种面积/耕地面积	正
		单位耕地化肥施用量 A_{33}	化肥投入量/耕地面积	负
		单位耕地农药施用量 A_{34}	农药施用量/耕地面积	负

5.2.2.2 指标权重确定

采用层次分析法，确定耕地利用经济效益、社会效益、生态效益各项指标重要程度。权重最终结果见表 5-12。

表 5-12 黄河流域内蒙古段地区耕地利用效益评价指标权重

目标层	准则层	准则层权重	指标层	各单项指标相对权重
耕地利用综合效益	经济效益 A_1	0.33	粮食单产 A_{11}	0.318
			单位面积农业总产值 A_{12}	0.273
			农业机械化程度 A_{13}	0.182
			农业增加值 A_{14}	0.227
	社会效益 A_2	0.33	人均粮食生产产量 A_{21}	0.241
			社会需求满意度 A_{22}	0.138
			人均耕地总面积 A_{23}	0.207
			劳动力转移指数 A_{24}	0.173
			土地垦殖指数 A_{25}	0.241
	生态效益 A_3	0.34	万元产值能耗 A_{31}	0.333
			复种指数 A_{32}	0.167
			单位耕地化肥施用量 A_{33}	0.222
			单位耕地农药施用量 A_{34}	0.278

5.2.2.3 评价方法

采用多因素综合评价法，建立耕地利用效益评价模型，对耕地利用效益值进行测算，综合指数模型公式如下：

$$\begin{cases} P_j = w_1 E_j + w_2 S_j + w_3 T_j \\ E_j = \sum_{i=1}^{13} w_{ij} x_{ij} \\ S_j = \sum_{i=1}^{13} w_{ij} x_{ij} \\ T_j = \sum_{i=1}^{13} w_{ij} x_{ij} \end{cases} \quad (5-1)$$

式中，P、E、S、T 分别为综合效益、经济效益、社会效益、生态效益；w_1、

w_2、w_3分别为经济效益、社会效益、生态效益权重；j为第j个区域；x_{ij}为j区第i项指标的标准化值；w_{ij}为相应区域指标权重值。

5.2.2.4 耦合协调度测算

耕地利用效益是经济效益、社会效益、生态效益三者相互协调的综合体现，经济效益-社会效益-生态效益两两之间存在一定的耦合关系。参考物理学中容量耦合的相关概念及其系数模型构建耕地利用经济效益-生态效益-社会效益两两之间的耦合度与协调度模型，耦合度的公式为：

$$C = \sqrt{\frac{U_1 U_2}{\left(\frac{U_1 + U_2}{2}\right)^2}} \tag{5-2}$$

式中，U_1、U_2分别为对应效益评价值。

耦合协调度计算公式为：

$$D = \sqrt{CT}, \quad T = \sqrt{au_2 + bu_2} \tag{5-3}$$

式中，D为耦合协调度；T为综合协调指数；a和b为待定系数，参考经济效益-社会效益-生态效益指标权重情况赋值。

5.2.3 耕地效益评价

5.2.3.1 指标数据测算

根据建立的评价指标体系，通过数据收集，按照分区汇总、统计，具体情况见表5-13。按照指标标准化公式进行标准化，结果见表5-14。

5.2.3.2 耕地经济效益-社会效益-生态效益评价

运用式（5-4），测算地区耕地效益评价分值，结果见表5-15。

根据黄河流域内蒙古段涉及的42个旗县耕地经济效益、社会效益、生态效益和整体综合效益评价成果数据情况，经参照有关资料并咨询相关专家，将42个旗县（区）评价成果数据划分为较低、中等、良好、优秀4个等级，区间为$[0, 0.3)$、$[0.3, 0.5)$、$[0.5, 0.8)$、$[0.8, 1]$。

数据显示，黄河流域内蒙古段旗县（区）耕地利用综合效益均处在中等、良好等级范围内，其中处于中等等级的旗县个数为29个，占69.05%，最小值为0.339（包头市的白云鄂博矿区和鄂尔多斯市的康巴什区）；处于良好等级的旗县个数为13个，占30.95%，最大值为0.709（巴彦淖尔市的杭锦后旗）。

黄河流域内蒙古段地区旗县（区）耕地经济效益处于较低等级的旗县个数为16个，占38.10%，最低值为0（鄂尔多斯市的康巴什区和包头市的白云鄂博矿区）；经济效益处于中等等级的旗县个数为15个，占35.71%；经济效益处于良好等级的旗县个数为9个，占21.43%；经济效益处于优秀等级的旗县个数为2个，占4.76%，最优值为0.827（包头市的土默特右旗）；比例情况见图5-6。

表5-13 黄河流域内蒙古段地区耕地利用效益评价指标值

旗县（区）	经济效益				社会效益					生态效益			
	粮食单产 A11 /t·公顷⁻¹	单位面积农业总产值 A12 /t·公顷⁻¹	农业机械化程度 A13 /千瓦时·公顷⁻¹	农业增加值 A14 /万元	人均粮食产量 A21 /kg·人⁻¹	人均耕地面积 A22 /亩·人⁻¹	劳动力转移指数 A23	土地垦殖指数 A24	社会需求满意度 A25	万元产值能耗 A31 /kW·h·元⁻¹	复种指数 A32	单位耕地化肥施用量 A33 /kg·公顷⁻¹	单位耕地农药施用量 A34 /kg·公顷⁻¹
新城区	1.72	2.34	4.45	7467.00	2.53	0.18	0.96	0.07	0.01	0.17	0.13	20.03	0
回民区	3.67	5.00	10.57	1698.00	2.97	0.03	0.98	0.03	0.01	0.36	0.37	163.13	1.92
玉泉区	6.09	3.63	13.05	17158.00	141.26	0.54	0.85	0.38	0.55	0.04	0.65	375.61	1.10
赛罕区	2.55	2.55	9.84	69782.00	154.24	1.20	0.92	0.41	0.60	0.11	0.75	266.25	1.26
土默特左旗	5.70	1.71	5.79	130449.00	1651.33	4.82	0.29	0.42	6.48	0.07	0.90	276.94	0.90
托克托县	4.70	1.69	6.02	83071.00	1482.36	5.59	0.27	0.54	5.81	0.06	0.85	515.53	1.87
和林格尔	3.31	0.93	3.01	66653.00	1232.84	8.10	0.21	0.32	4.83	0.11	0.69	88.87	0.42
清水河县	1.89	1.03	1.60	42883.00	652.96	6.79	0.21	0.23	2.56	0.02	0.76	214.90	0.42
武川县	1.56	0.84	2.85	76166.00	1156.32	12.15	0.23	0.30	4.53	0.03	0.91	151.03	0.45
东河区	6.66	2.31	4.96	12990.33	97.09	0.35	0.84	0.20	0.38	0.06	0.89	290.57	3.18
昆都仑区	7.16	2.05	4.44	2590.69	15.30	0.06	0.98	0.07	0.06	0.06	0.73	258.44	2.83
青山区	7.01	0.30	0.64	445.47	3.70	0.10	0.84	0.09	0.01	0.06	0.11	38.03	0.42
石拐区	5.50	1.13	2.43	2571.05	163.54	1.21	0.84	0.05	0.64	0.06	0.52	141.96	1.55
白云鄂博矿区	0	0	0	0	0	0	0.84	0	0	0	0	0	0

续表5-13

旗县（区）	经济效益				社会效益					生态效益			
	粮食单产 A_{11} /t·公顷⁻¹	单位面积农业总产值 A_{12} /t·公顷⁻¹	农业机械化程度 A_{13} /千万时·公顷⁻¹	农业增加值 A_{14} /万元	人均粮食产量 A_{21} /kg·人⁻¹	人均耕地面积 A_{22} /亩·人⁻¹	劳动力转移指数 A_{23}	土地垦殖指数 A_{24}	社会需求满意度 A_{25}	万元产值能耗 A_{31} /kW·h·元⁻¹	复种指数 A_{32}	单位耕地化肥施用量 A_{33} /kg·公顷⁻¹	单位耕地农药施用量 A_{34} /kg·公顷⁻¹
九原区	4.71	1.41	3.02	22177.13	539.79	3.20	0.84	0.33	2.12	0.06	0.76	176.89	1.94
土默特右旗	9.85	3.55	7.64	249024.74	2099.97	4.93	0.83	0.51	8.24	0.06	0.92	447.21	4.90
固阳县	1.95	0.33	0.71	35604.16	546.32	13.76	0.84	0.37	2.14	0.06	0.43	41.65	0.46
达尔罕茂明安联合旗	2.46	0.53	1.14	28003.64	770.84	12.06	0.84	0.05	3.02	0.06	0.55	67.02	0.73
海勃湾区	8.62	4.77	12.31	6738.59	17.27	0.14	0.97	0.04	0.07	0.17	0.61	222.88	4.63
海南区	7.81	3.98	5.60	13881.20	308.89	0.93	0.74	0.05	1.21	0.03	0.72	445.05	2.49
乌达区	7.72	1.73	4.82	1637.21	21.39	0.19	0.98	0.07	0.08	0.15	0.37	93.09	1.10
东胜区	4.62	0.57	2.24	5671.00	53.92	0.86	0.91	0.07	0.21	0.08	0.22	41.96	0.76
康巴什区	0	0.01	0	8.00	0	0.77	0.76	0.05	0	0	0	0	0
达拉特旗	6.80	2.11	4.04	254826.00	1979.52	7.49	0.19	0.22	7.76	0.28	0.89	330.03	3.21
准格尔旗	3.37	1.31	1.46	68154.00	446.52	3.60	0.21	0.11	1.75	0.05	0.78	115.79	1.51
鄂托克前旗	3.99	1.95	3.77	82414.00	1223.83	12.01	0.30	0.05	4.80	0.04	1.03	277.78	1.24
鄂托克旗	4.17	1.56	3.56	43381.00	948.23	6.63	0.39	0.02	3.72	0.15	0.69	69.72	1.74
杭锦旗	8.82	1.96	3.85	140361.00	2547.05	11.36	0.19	0.06	9.99	0.03	0.68	212.49	2.72

续表 5-13

旗县(区)	经济效益				社会效益					生态效益			
	粮食单产 A_{11} /t·公顷⁻¹	单位面积农业总产值 A_{12} /t·公顷⁻¹	农业机械化程度 A_{13} /千瓦时·公顷⁻¹	农业增加值 A_{14} /万元	人均粮食产量 A_{21} /kg·人⁻¹	人均耕地面积 A_{22} /亩·人⁻¹	劳动力转移指数 A_{23}	土地垦殖指数 A_{24}	社会需求满意度 A_{25}	万元产值能耗 A_{31} /kW·h·元⁻¹	复种指数 A_{32}	单位耕地化肥施用量 A_{33} /kg·公顷⁻¹	单位耕地农药施用量 A_{34} /kg·公顷⁻¹
乌审旗	4.78	1.83	6.43	86428.00	1381.22	9.41	0.23	0.06	5.42	0.01	0.68	94.44	1.78
伊金霍洛旗	3.51	1.79	5.76	42272.00	486.02	3.06	0.26	0.07	1.91	0.09	0.95	91.07	1.93
临河区	8.30	2.69	5.29	271531.96	1086.11	4.25	0.70	0.67	4.26	0.03	0.87	390.56	2.35
五原县	9.43	1.64	6.42	199243.34	1560.68	8.95	0.50	0.69	6.12	0.02	0.88	357.66	1.56
磴口县	6.13	0.93	5.40	49318.18	1972.66	12.52	0.47	0.27	7.74	0.12	0.81	549.82	0.99
乌拉特前旗	6.77	1.15	5.66	173408.69	1796.73	11.71	0.48	0.31	7.05	0.04	0.75	152.37	1.55
乌拉特中旗	4.66	1.29	3.94	95995.87	1957.62	13.30	0.48	0.05	7.68	0.09	0.81	95.77	1.31
乌拉特后旗	6.56	1.46	10.65	16448.23	945.93	3.28	0.62	0.01	3.71	0.11	0.87	399.87	1.09
杭锦后旗	8.64	3.53	8.35	257683.52	1823.59	6.47	0.47	0.64	7.15	0.01	0.82	368.40	1.70
卓资县	2.14	0.88	2.54	37633.00	301.45	4.27	0.26	0.18	1.18	0.01	0.65	46.82	0.09
凉城县	4.86	1.84	6.86	61865.00	1068.60	5.13	0.19	0.23	4.19	0.03	0.76	162.02	0.29
察哈尔右翼中旗	1.53	0.90	8.42	78701.00	535.35	7.88	0.17	0.25	2.10	0.22	0.82	126.24	1.21
四子王旗	3.02	0.56	4.43	52297.00	977.37	11.56	0.22	0.07	3.83	0.02	0.63	47.80	0.35
阿拉善左旗	8.33	1.66	3.89	55686.66	870.14	5.29	0.79	0.01	3.41	0.08	1.40	115.09	3.13

表 5-14 黄河流域内蒙古段地区耕地利用效益评价指标值标准化值

旗县(区)	经济效益				社会效益					生态效益			
	粮食单产 A_{11}	单位面积农业总产值 A_{12}	农业机械化程度 A_{13}	农业增加值 A_{14}	人均粮食产量 A_{21}	人均耕地面积 A_{22}	劳动力转移指数 A_{23}	土地垦殖指数 A_{24}	社会需求满意度 A_{25}	万元产值能耗 A_{31}	复种指数 A_{32}	单位耕地化肥施用量 A_{33}	单位耕地农药施用量 A_{34}
新城区	0.174	0.469	0.341	0.027	0.001	0.013	0.979	0.107	0.001	0.533	0.089	0.964	1.000
回民区	0.373	1.000	0.810	0.006	0.001	0.002	0.996	0.039	0.001	0	0.262	0.703	0.608
玉泉区	0.619	0.726	1.000	0.063	0.055	0.039	0.836	0.553	0.055	0.885	0.462	0.317	0.775
赛罕区	0.259	0.511	0.754	0.257	0.061	0.087	0.925	0.599	0.061	0.690	0.539	0.516	0.742
土默特左旗	0.578	0.343	0.444	0.480	0.648	0.350	0.139	0.612	0.648	0.811	0.646	0.496	0.816
托克托县	0.478	0.338	0.461	0.306	0.582	0.406	0.121	0.778	0.582	0.841	0.605	0.062	0.618
和林格尔	0.336	0.186	0.231	0.245	0.484	0.589	0.051	0.463	0.484	0.698	0.493	0.838	0.915
清水河县	0.192	0.206	0.123	0.158	0.256	0.493	0.046	0.330	0.256	0.939	0.545	0.609	0.914
武川县	0.159	0.169	0.219	0.281	0.454	0.883	0.076	0.429	0.454	0.915	0.653	0.725	0.909
东河区	0.676	0.462	0.380	0.048	0.038	0.025	0.822	0.297	0.038	0.831	0.634	0.472	0.350
昆都仑区	0.727	0.411	0.340	0.010	0.006	0.004	0.994	0.102	0.006	0.831	0.524	0.530	0.422

续表 5-14

旗县(区)	经济效益				社会效益					生态效益			
	粮食单产 A_{11}	单位面积农业总产值 A_{12}	农业机械化程度 A_{13}	农业增加值 A_{14}	人均粮食产量 A_{21}	人均耕地面积 A_{22}	劳动力转移指数 A_{23}	土地垦殖指数 A_{24}	社会需求满意度 A_{25}	万元产值能耗 A_{31}	复种指数 A_{32}	单位耕地化肥施用量 A_{33}	单位耕地农药施用量 A_{34}
青山区	0.712	0.060	0.049	0.002	0.001	0.007	0.822	0.133	0.001	0.831	0.079	0.931	0.915
石拐区	0.559	0.226	0.186	0.009	0.064	0.088	0.822	0.072	0.064	0.831	0.375	0.742	0.683
白云鄂博矿区	0	0	0	0	0	0	0.822	0	0	1.000	0	1.000	1.000
九原区	0.478	0.281	0.231	0.082	0.212	0.233	0.822	0.478	0.212	0.831	0.545	0.678	0.604
土默特右旗	1.000	0.711	0.585	0.917	0.824	0.358	0.817	0.745	0.824	0.832	0.659	0.187	0
固阳县	0.198	0.066	0.055	0.131	0.214	1.000	0.822	0.543	0.214	0.831	0.311	0.924	0.907
达尔罕茂明安联合旗	0.250	0.107	0.088	0.103	0.303	0.877	0.822	0.074	0.303	0.831	0.396	0.878	0.850
海勃湾区	0.875	0.955	0.943	0.025	0.007	0.010	0.982	0.064	0.007	0.530	0.436	0.595	0.055
海南区	0.794	0.796	0.429	0.051	0.121	0.068	0.697	0.079	0.121	0.916	0.513	0.191	0.492
乌达区	0.784	0.345	0.370	0.006	0.008	0.013	1.000	0.102	0.008	0.572	0.264	0.831	0.775
东胜区	0.469	0.115	0.172	0.021	0.021	0.062	0.919	0.103	0.021	0.776	0.157	0.924	0.844

续表 5-14

旗县（区）	经济效益				社会效益					生态效益			
	粮食单产 A_{11}	单位面积农业总产值 A_{12}	农业机械化程度 A_{13}	农业增加值 A_{14}	人均粮食产量 A_{21}	人均耕地面积 A_{22}	劳动力转移指数 A_{23}	土地垦殖指数 A_{24}	社会需求满意度 A_{25}	万元产值能耗 A_{31}	复种指数 A_{32}	单位耕地化肥施用量 A_{33}	单位耕地农药施用量 A_{34}
康巴什区	0	0.001	0	0	0	0.056	0.723	0.071	0	1.000	0	1.000	1.000
达拉特旗	0.691	0.421	0.310	0.938	0.777	0.544	0.015	0.326	0.777	0.232	0.636	0.400	0.344
准格尔旗	0.342	0.263	0.112	0.251	0.175	0.261	0.049	0.152	0.175	0.864	0.555	0.789	0.692
鄂托克前旗	0.406	0.390	0.289	0.304	0.480	0.873	0.157	0.077	0.480	0.881	0.734	0.495	0.747
鄂托克旗	0.424	0.312	0.272	0.160	0.372	0.482	0.266	0.031	0.372	0.586	0.494	0.873	0.645
杭锦旗	0.896	0.392	0.295	0.517	1.000	0.826	0.022	0.084	1.000	0.911	0.486	0.614	0.444
乌审旗	0.485	0.366	0.493	0.318	0.542	0.684	0.066	0.091	0.542	0.966	0.484	0.828	0.636
伊金霍洛旗	0.357	0.359	0.442	0.156	0.191	0.222	0.113	0.096	0.191	0.747	0.678	0.834	0.606
临河区	0.843	0.538	0.405	1.000	0.426	0.309	0.648	0.979	0.426	0.925	0.619	0.290	0.520
五原县	0.957	0.327	0.492	0.734	0.613	0.651	0.405	1.000	0.613	0.946	0.630	0.349	0.681
磴口县	0.622	0.185	0.414	0.182	0.774	0.910	0.373	0.386	0.774	0.678	0.579	0	0.798

续表 5-14

旗县（区）	经济效益				社会效益					生态效益			
	粮食单产 A_{11}	单位面积农业总产值 A_{12}	农业机械化程度 A_{13}	农业增加值 A_{14}	人均粮食产量 A_{21}	人均耕地面积 A_{22}	劳动力转移指数 A_{23}	土地垦殖指数 A_{24}	社会需求满意度 A_{25}	万元产值能耗 A_{31}	复种指数 A_{32}	单位耕地化肥施用量 A_{33}	单位耕地农药施用量 A_{34}
乌拉特前旗	0.687	0.229	0.434	0.639	0.705	0.851	0.382	0.450	0.705	0.900	0.533	0.723	0.684
乌拉特中旗	0.473	0.258	0.302	0.354	0.769	0.967	0.382	0.076	0.769	0.741	0.579	0.826	0.732
乌拉特后旗	0.666	0.292	0.816	0.061	0.371	0.238	0.552	0.009	0.371	0.697	0.621	0.273	0.777
杭锦后旗	0.878	0.706	0.640	0.949	0.716	0.470	0.369	0.926	0.716	0.975	0.586	0.330	0.652
卓资县	0.218	0.176	0.194	0.139	0.118	0.310	0.104	0.266	0.118	0.961	0.467	0.915	0.982
凉城县	0.493	0.369	0.526	0.228	0.420	0.373	0.023	0.337	0.420	0.927	0.543	0.705	0.941
察哈尔右翼中旗	0.155	0.180	0.645	0.290	0.210	0.573	0	0.368	0.210	0.376	0.589	0.770	0.754
四子王旗	0.307	0.113	0.340	0.193	0.384	0.840	0.059	0.099	0.384	0.947	0.454	0.913	0.928
阿拉善左旗	0.846	0.331	0.298	0.205	0.342	0.384	0.766	0.009	0.342	0.775	1.000	0.791	0.361

表 5-15 黄河流域内蒙古段地区耕地利用效益评价分值

旗县（区）	经济效益	社会效益	生态效益	综合效益
新城区	0.252	0.223	0.684	0.389
回民区	0.540	0.214	0.369	0.374
玉泉区	0.591	0.301	0.658	0.518
赛罕区	0.417	0.336	0.640	0.467
土默特左旗	0.467	0.495	0.715	0.561
托克托县	0.398	0.496	0.567	0.488
和林格尔	0.255	0.405	0.755	0.475
清水河县	0.176	0.258	0.793	0.413
武川县	0.200	0.431	0.827	0.489
东河区	0.421	0.243	0.585	0.418
昆都仑区	0.408	0.227	0.599	0.413
青山区	0.252	0.195	0.751	0.403
石拐区	0.275	0.225	0.694	0.401
白云鄂博矿区	0	0.170	0.833	0.339
九原区	0.289	0.387	0.686	0.457
土默特右旗	0.827	0.745	0.428	0.664
固阳县	0.121	0.505	0.786	0.474
达尔罕茂明安联合旗	0.148	0.450	0.774	0.460
海勃湾区	0.716	0.219	0.397	0.444
海南区	0.559	0.226	0.570	0.453
乌达区	0.412	0.231	0.634	0.428
东胜区	0.216	0.227	0.724	0.393
康巴什区	0.000	0.170	0.833	0.339
达拉特旗	0.604	0.509	0.368	0.493
准格尔旗	0.258	0.157	0.748	0.391
鄂托克前旗	0.357	0.398	0.734	0.499

旗县（区）	经济效益	社会效益	生态效益	综合效益
鄂托克旗	0.306	0.306	0.651	0.423
杭锦旗	0.563	0.615	0.644	0.608
乌审旗	0.416	0.385	0.763	0.524
伊金霍洛旗	0.327	0.163	0.716	0.405
临河区	0.716	0.552	0.620	0.629
五原县	0.650	0.642	0.687	0.660
磴口县	0.365	0.643	0.544	0.518
乌拉特前旗	0.505	0.614	0.739	0.621
乌拉特中旗	0.356	0.596	0.730	0.562
乌拉特后旗	0.454	0.328	0.612	0.466
杭锦后旗	0.804	0.647	0.677	0.709
卓资县	0.184	0.167	0.874	0.413
凉城县	0.405	0.317	0.818	0.516
察哈尔右翼中旗	0.282	0.244	0.604	0.379
四子王旗	0.234	0.330	0.852	0.476
阿拉善左旗	0.460	0.378	0.701	0.515

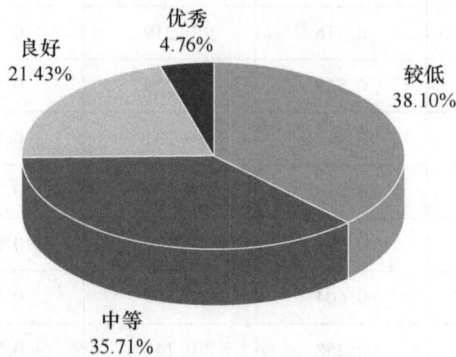

图 5-6 耕地经济效益等级分布情况

黄河流域内蒙古段地区旗县（区）耕地社会效益处于较低等级的旗县个数为 17 个，占 40.48%，最低值为 0.157（鄂尔多斯市的准格尔旗）；社会效益处于中等等级的旗县个数为 15 个，占 35.71%；社会效益处于良好等级的旗县个数为 10 个，占 23.81%；社会效益没有处于优秀等级的旗县，区域耕地社会效益最优值为 0.745（包头市的土默特右旗）；比例情况见图 5-7。

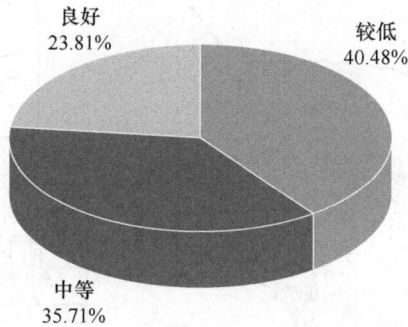

图 5-7　耕地社会效益等级分布情况

黄河流域内蒙古段地区旗县（区）耕地生态效益没有处于较低等级的旗县；生态效益处于中等等级的旗县个数为 4 个，占 9.52%，最低值为 0.368（鄂尔多斯市的达拉特旗）；生态效益处于良好等级的旗县个数为 32 个，占 76.19%；生态效益处于优秀等级的旗县个数为 6 个，占 14.29%，最优值为 0.874（乌兰察布市的卓资县）；比例情况见图 5-8。

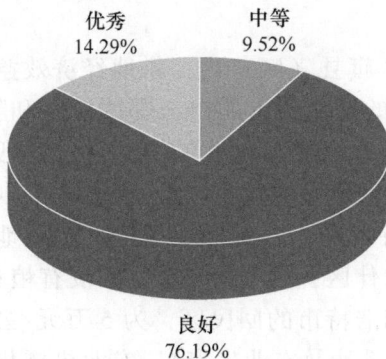

图 5-8　耕地生态效益等级分布情况

5.2.3.3　耕地利用效益分析

耕地综合效益：黄河流域内蒙古段 42 个旗县（区）内，耕地利用综合效益最大的是巴彦淖尔市的杭锦后旗，为 0.709；最小的是包头市的白云鄂博矿区和鄂尔多斯市的康巴什区，为 0.339。42 个旗县（区）耕地利用综合效益评价分值等级情况见图 5-9。

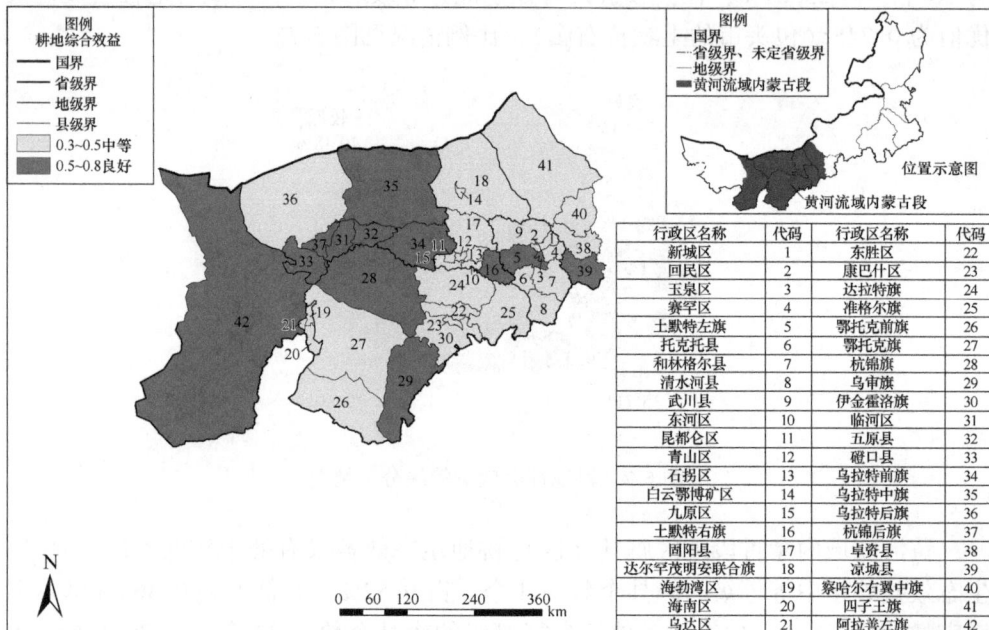

图例
耕地综合效益
—— 国界
—— 省级界
—— 地级界
—— 县级界
0.3~0.5中等
0.5~0.8良好

图例
—— 国界
—— 省级界、未定省级界
—— 地级界
黄河流域内蒙古段

位置示意图
黄河流域内蒙古段

行政区名称	代码	行政区名称	代码
新城区	1	东胜区	22
回民区	2	康巴什区	23
玉泉区	3	达拉特旗	24
赛罕区	4	准格尔旗	25
土默特左旗	5	鄂托克前旗	26
托克托县	6	鄂托克旗	27
和林格尔县	7	杭锦旗	28
清水河县	8	乌审旗	29
武川县	9	伊金霍洛旗	30
东河区	10	临河区	31
昆都仑区	11	五原县	32
青山区	12	磴口县	33
石拐区	13	乌拉特前旗	34
白云鄂博矿区	14	乌拉特中旗	35
九原区	15	乌拉特后旗	36
土默特右旗	16	杭锦后旗	37
固阳县	17	卓资县	38
达尔罕茂明安联合旗	18	凉城县	39
海勃湾区	19	察哈尔右翼中旗	40
海南区	20	四子王旗	41
乌达区	21	阿拉善左旗	42

图 5-9 黄河流域内蒙古段旗县（区）耕地利用综合效益等级分布情况

图 5-9 彩图

　　耕地经济效益：42 个旗县（区）内，耕地经济效益最大的是包头市的土默特右旗，为 0.827；最小的是包头市的白云鄂博矿区和鄂尔多斯市的康巴什区，为 0。42 个旗县（区）耕地经济效益评价分值等级情况见图 5-10。

　　经数据统计测算，黄河流域内蒙古段涉及的 42 个旗县（区）中，粮食单产最高地区为包头市土默特右旗，为 9.85 t/公顷；最低地区为包头市的白云鄂博矿区和鄂尔多斯市的康巴什区，为 0（区域范围没有粮食播种情况）。单位面积农业产值最高地区为呼和浩特市的回民区，为 5 万元/公顷；最低地区为包头市的白云鄂博矿区，为 0（不涉及农业生产）。农业机械化程度最高地区为呼和浩特市的玉泉区，为 13.05 kW·h/公顷；最小地区为包头市的白云鄂博矿区和鄂尔多斯市的康巴什区，为 0。农业增加值最高地区为巴彦淖尔市临河区，为 271531.96 万元；最低地区为包头市的白云鄂博矿区，为 0。

图例
耕地经济效益
— 国界
— 省级界
— 地级界
— 县级界

	0
	0.1~0.3较低
	0.3~0.5中等
	0.5~0.8良好
	0.8~1.0中等

图例
— 国界
— 省级界、未定省级界
— 地级界
■ 黄河流域内蒙古段

位置示意图
黄河流域内蒙古段

行政区名称	代码	行政区名称	代码
新城区	1	东胜区	22
回民区	2	康巴什区	23
玉泉区	3	达拉特旗	24
赛罕区	4	准格尔旗	25
土默特左旗	5	鄂托克前旗	26
托克托县	6	鄂托克旗	27
和林格尔县	7	杭锦旗	28
清水河县	8	乌审旗	29
武川县	9	伊金霍洛旗	30
东河区	10	临河区	31
昆都仑区	11	五原县	32
青山区	12	磴口县	33
石拐区	13	乌拉特前旗	34
白云鄂博矿区	14	乌拉特中旗	35
九原区	15	乌拉特后旗	36
土默特右旗	16	杭锦后旗	37
固阳县	17	卓资县	38
达尔罕茂明安联合旗	18	凉城县	39
海勃湾区	19	察哈尔右翼中旗	40
海南区	20	四子王旗	41
乌达区	21	阿拉善左旗	42

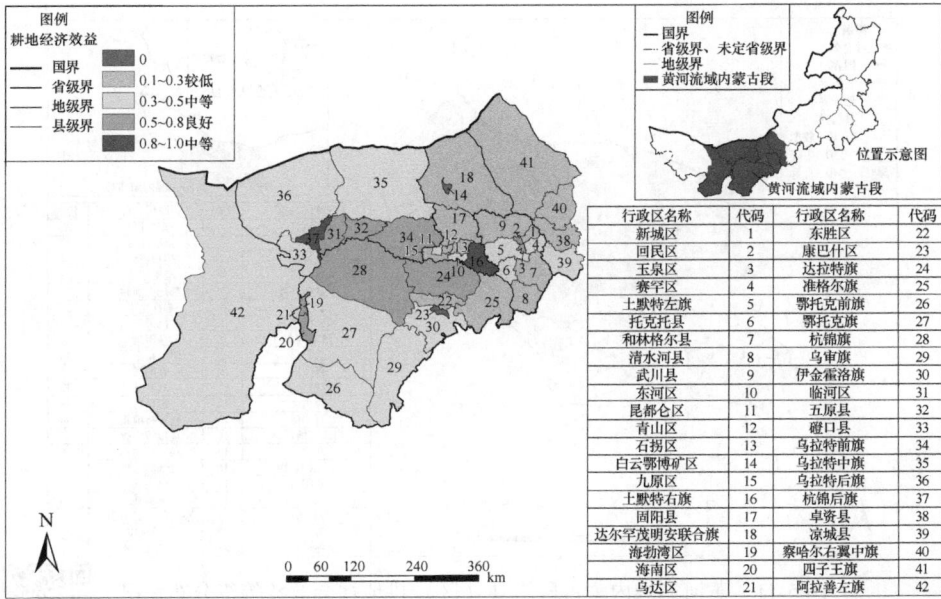

图5-10 黄河流域内蒙古段旗县（区）耕地经济效益等级分布情况

图5-10 彩图

耕地社会效益：黄河流域内蒙古段42个旗县（区）内，耕地社会效益最大的是包头市的土默特右旗，为0.745；最小的是鄂尔多斯市的准格尔旗，为0.157。42个旗县（区）耕地社会效益评价分值等级情况见图5-11。

经数据统计测算，黄河流域内蒙古段涉及的42个旗县（区）中，人均粮食产量最高地区为鄂尔多斯市的杭锦旗，为2547.05 kg/人，最低地区为包头市的白云鄂博矿区和鄂尔多斯市的康巴什区，为0（区域范围没有粮食播种情况）。人均耕地面积最大的地区为包头市固阳县，为13.76亩/人；最低地区为包头市的白云鄂博矿区，为0（不涉及农业生产）。劳动力转移指数最高地区为呼和浩特市的回民区、包头市的昆都仑区和乌海市的乌达区，为0.98；最小地区为乌兰察布市的察哈尔右翼中旗，为0.17。土地垦殖指数最高地区为巴彦淖尔市的五原县，为0.69；最低地区为包头市的白云鄂博矿区，为0。社会需求满意度最高地区为鄂尔多斯市的杭锦旗，为9.99；最低地区为包头市的白云鄂博矿区和鄂尔多斯市的康巴什区，为0。

耕地生态效益：黄河流域内蒙古段42个旗县（区）内，耕地生态效益最大的为乌兰察布市的卓资县，为0.874；最小地区为鄂尔多斯市的达拉特旗，为0.368。42个旗县（区）耕地生态效益评价分值等级情况见图5-12。

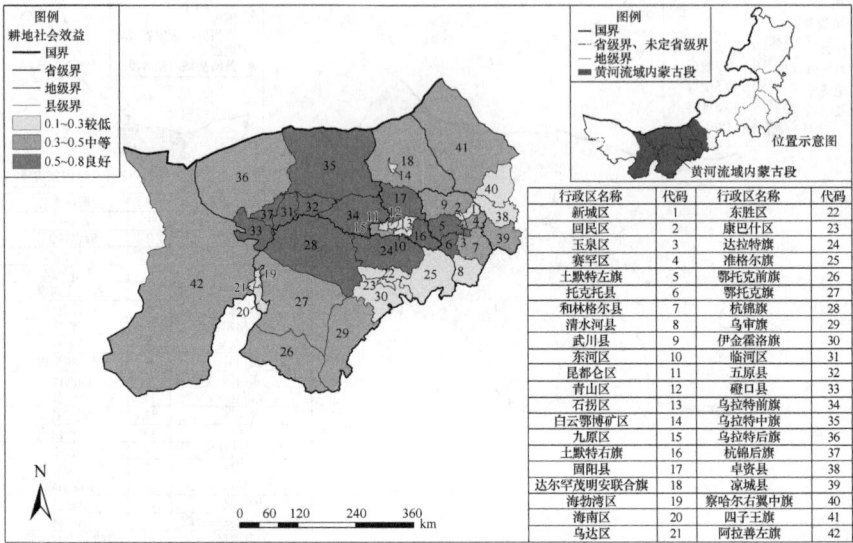

图 5-11 黄河流域内蒙古段旗县（区）耕地社会效益等级分布情况

图 5-11 彩图

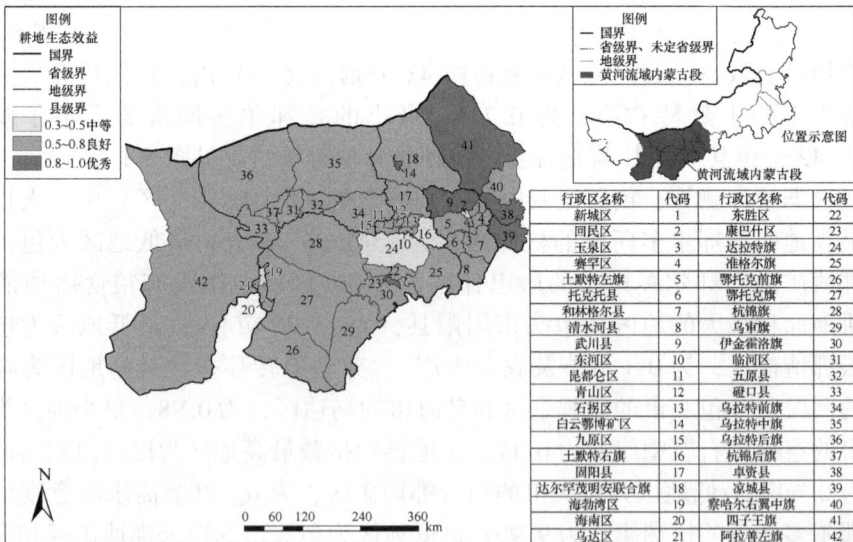

图 5-12 黄河流域内蒙古段旗县（区）耕地生态效益等级分布情况

图 5-12 彩图

经数据统计测算，黄河流域内蒙古段涉及的 42 个旗县（区）中，万元产值能耗最高地区为呼和浩特市的回民区，为 0.36 kW·h/元；最低地区为包头市的白云鄂博矿区和鄂尔多斯市的康巴什区，为 0（区域范围不涉及粮食生产）。复种指数最大的地区为阿拉善盟的阿拉善左旗，为 1.40；最低地区为包头市的白云鄂博矿区和鄂尔多斯市的康巴什区，为 0（不涉及农业生产）。单位耕地化肥施用量最高地区为巴彦淖尔市的磴口县，值为 549.82 kg/公顷；最小地区为包头市的白云鄂博矿区和鄂尔多斯市的康巴什区，为 0。单位耕地农药施用量最高地区为包头市的土默特右旗，为 4.90 kg/公顷；最低地区是呼和浩特市的新城区、包头市的白云鄂博矿区和鄂尔多斯市的康巴什区，为 0。

5.2.4 耕地效益耦合协调度分析

耦合协调度是间接表示变量间研究的协调度关系数据，首先分别从耕地的经济效益-社会效益、经济效益-生态效益、社会效益-生态效益三方面考虑，再从耕地经济效益-社会效益-生态效益三者之间考虑，测算各自的耦合协调度，通过数据发现相关规律及问题，以期为制定地区耕地保护政策及区域土地利用政策提供数据支撑。

经咨询专家，并参照相关研究成果，划分耦合作用 C 强弱，即 $C=0$：无序发展阶段；$0<C<0.3$：低水平耦合作用阶段；$0.3 \leqslant C<0.5$：拮抗阶段；$0.5 \leqslant C<0.8$：磨合阶段；$0.8 \leqslant C<1$：高水平耦合作用阶段；$C=1$：良性共振耦合阶段。耦合协调度 D 标准，即 $D=0$：无序发展；$0<D<0.3$：低水平耦合协调；$0.3 \leqslant D<0.5$：中水平耦合协调；$0.5 \leqslant D<0.8$：较高水平耦合协调；$0.8 \leqslant D<1$：高水平耦合协调；$D=1$：耦合协调水平达到极值。

5.2.4.1 耕地经济效益-社会效益耦合协调度分析

根据耦合协调度公式［式（5-4）、式（5-2）］，计算黄河流域内蒙古段旗县（区）耕地经济效益-社会效益耦合协调度，在耕地利用效益评价中经济效益-社会效益-生态效益三者之间权重取值情况为 0.33、0.33 和 0.34，较为侧重耕地生态效益，耦合度协调度计算中，a、b 取值分别为 0.5、0.5。计算结果见表 5-16。

表 5-16 黄河流域内蒙古段旗县（区）耕地经济效益-社会效益耦合协调度情况

旗县（区）	经济效益-社会效益耦合度	耦合协调度
新城区	0.998	0.487
回民区	0.901	0.583

旗县（区）	经济效益-社会效益耦合度	耦合协调度
玉泉区	0.946	0.650
赛罕区	0.994	0.612
土默特左旗	1.000	0.694
托克托县	0.994	0.666
和林格尔县	0.974	0.567
清水河县	0.982	0.461
武川县	0.931	0.542
东河区	0.963	0.566
昆都仑区	0.959	0.552
青山区	0.992	0.471
石拐区	0.995	0.499
白云鄂博矿区	0	0
九原区	0.990	0.579
土默特右旗	0.999	0.886
固阳县	0.789	0.497
达尔罕茂明安联合旗	0.863	0.508
海勃湾区	0.847	0.629
海南区	0.905	0.596
乌达区	0.959	0.555
东胜区	1.000	0.471
康巴什区	0.093	0.089
达拉特旗	0.996	0.745
准格尔旗	0.970	0.449

旗县（区）	经济效益-社会效益耦合度	耦合协调度
鄂托克前旗	0.999	0.614
鄂托克旗	1.000	0.553
杭锦旗	0.999	0.767
乌审旗	0.999	0.633
伊金霍洛旗	0.942	0.480
临河区	0.992	0.793
五原县	1.000	0.804
磴口县	0.961	0.696
乌拉特前旗	0.995	0.746
乌拉特中旗	0.968	0.679
乌拉特后旗	0.987	0.621
杭锦后旗	0.994	0.849
卓资县	0.999	0.419
凉城县	0.993	0.598
察哈尔右翼中旗	0.997	0.512
四子王旗	0.985	0.527
阿拉善左旗	0.995	0.646

表 5-16 显示，区域内耕地的经济效益和社会效益耦合度普遍较高，都在 0.8 以上，只有包头的固阳县和白云鄂博矿区耦合度较低为 0.789 和 0；耦合度最高值为 1，是呼和浩特市的土默特左旗、鄂尔多斯市的东胜区和巴彦淖尔市的五原县，处于良性共振耦合阶段。

区域内耕地的经济效益和社会效益耦合协调度多数处于较高水平耦合阶段。其中处于 [0.3，0.5) 区间的旗县（区）为 9 个，占 21.43%；处于 [0.5，0.8) 区间的旗县为 28 个，占 66.67%；处于 [0.8，1) 区间的旗县为 3 个，占 7.14%，具体情况见图 5-13。

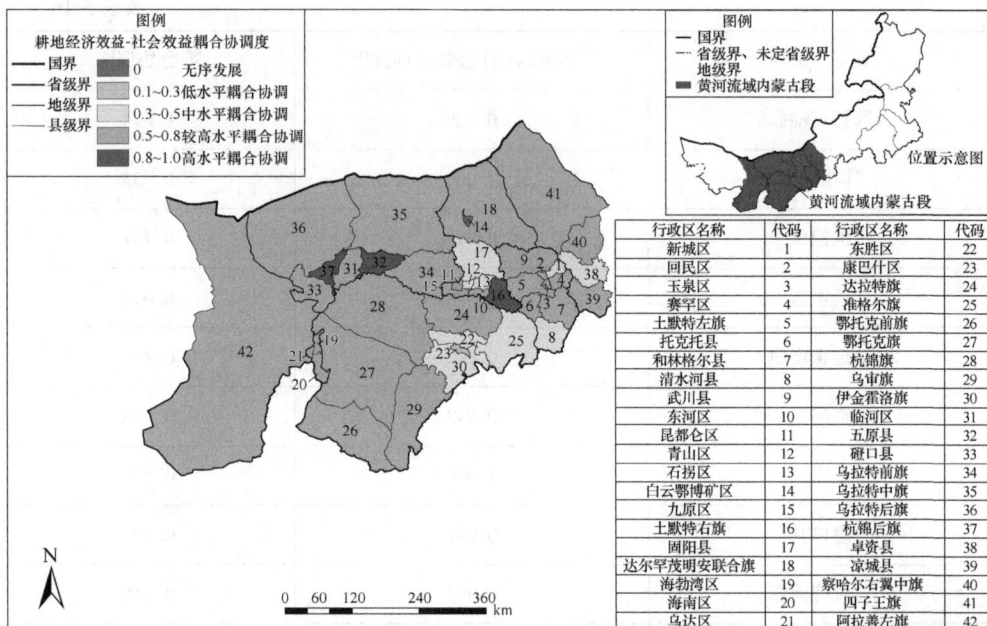

图 5-13 黄河流域内蒙古段旗县（区）
经济效益-社会效益耦合协调度情况

图 5-13 彩图

5.2.4.2 耕地经济效益-生态效益耦合协调度分析

根据耦合协调度公式计算黄河流域内蒙古段旗县（区）耕地经济效益-生态效益耦合协调度。计算中，a、b 取值分别为 0.45、0.55。计算结果见表 5-17。

表 5-17 黄河流域内蒙古段旗县（区）耕地经济效益-生态效益耦合协调度情况

旗县（区）	经济效益-生态效益耦合度	耦合协调度
新城区	0.887	0.659
回民区	0.982	0.662
玉泉区	0.999	0.792
赛罕区	0.978	0.727
土默特左旗	0.978	0.768
托克托县	0.984	0.695
和林格尔县	0.869	0.679
清水河县	0.770	0.630

旗县（区）	经济效益-生态效益耦合度	耦合协调度
武川县	0.792	0.657
东河区	0.987	0.710
昆都仑区	0.982	0.710
青山区	0.868	0.676
石拐区	0.902	0.675
白云鄂博矿区	0.000	0.000
九原区	0.914	0.681
土默特右旗	0.948	0.759
固阳县	0.679	0.575
达尔罕茂明安联合旗	0.734	0.601
海勃湾区	0.958	0.720
海南区	1.000	0.752
乌达区	0.977	0.723
东胜区	0.842	0.646
康巴什区	0.042	0.139
达拉特旗	0.970	0.678
准格尔旗	0.873	0.679
鄂托克前旗	0.938	0.728
鄂托克旗	0.933	0.680
杭锦旗	0.998	0.779
乌审旗	0.956	0.762
伊金霍洛旗	0.928	0.708
临河区	0.997	0.813
五原县	1.000	0.819
磴口县	0.980	0.674
乌拉特前旗	0.982	0.789
乌拉特中旗	0.939	0.726
乌拉特后旗	0.989	0.731

旗县（区）	经济效益-生态效益耦合度	耦合协调度
杭锦后旗	0.996	0.855
卓资县	0.758	0.654
凉城县	0.941	0.771
察哈尔右翼中旗	0.931	0.654
四子王旗	0.822	0.687
阿拉善左旗	0.978	0.762

表 5-17 显示，除包头市白云鄂博矿区和鄂尔多斯市的康巴什区外，其余区域内耕地的经济效益和生态效益耦合度整体较高，都在 0.6 以上；耦合度最高值为 1，是乌海市的海南区和巴彦淖尔市的五原县，处于良性共振耦合阶段。

区域内耕地的经济效益和社会效益耦合协调度多数处于较高水平耦合阶段。其中处于 [0.5，0.8) 区间的旗县（区）为 37 个，占 88.10%；处于 [0.8，1) 区间的旗县为 3 个，占 7.14%，具体情况见图 5-14。

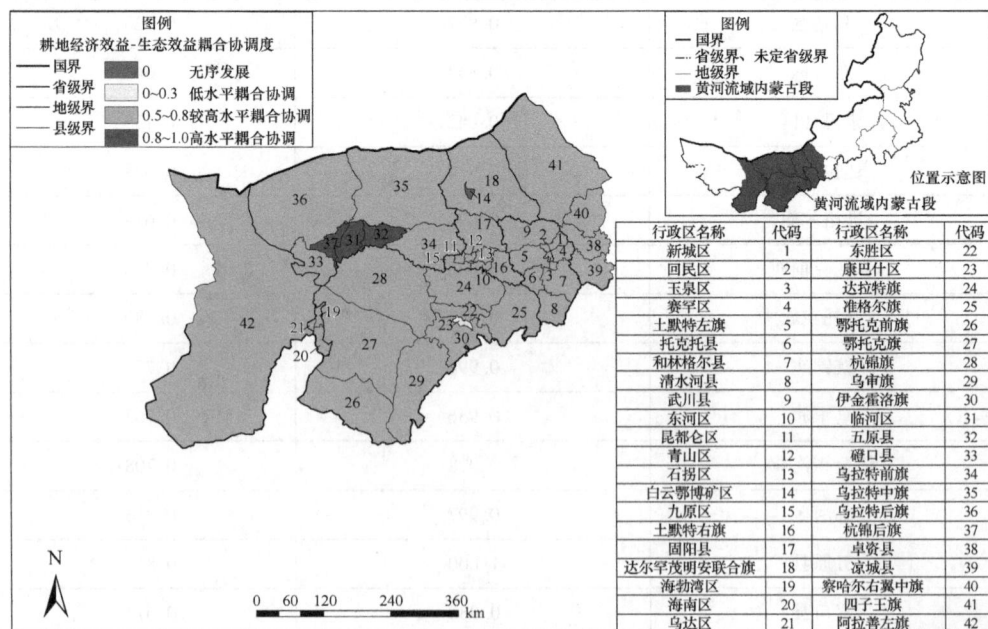

图 5-14 黄河流域内蒙古段旗县（区）
经济效益-生态效益耦合协调度情况

图 5-14 彩图

5.2.4.3　耕地社会效益-生态效益耦合协调度分析

根据耦合协调度公式计算黄河流域内蒙古段旗县（区）耕地社会效益-生态效益耦合协调度，计算中，a，b 取值分别为 0.45、0.55。计算结果见表 5-18。

表 5-18　黄河流域内蒙古段旗县（区）耕地社会效益-生态效益耦合协调度情况

旗县（区）	社会效益-生态效益耦合度	耦合协调度
新城区	0.862	0.641
回民区	0.964	0.537
玉泉区	0.928	0.679
赛罕区	0.950	0.692
土默特左旗	0.983	0.778
托克托县	0.998	0.731
和林格尔县	0.953	0.755
清水河县	0.861	0.690
武川县	0.949	0.785
东河区	0.911	0.627
昆都仑区	0.893	0.621
青山区	0.809	0.636
石拐区	0.860	0.645
白云鄂博矿区	0.750	0.633
九原区	0.960	0.728
土默特右旗	0.963	0.741
固阳县	0.976	0.802
达尔罕茂明安联合旗	0.964	0.778
海勃湾区	0.958	0.551
海南区	0.902	0.612
乌达区	0.884	0.633
东胜区	0.852	0.653

旗县（区）	社会效益-生态效益耦合度	耦合协调度
康巴什区	0.750	0.633
达拉特旗	0.987	0.653
准格尔旗	0.757	0.604
鄂托克前旗	0.955	0.746
鄂托克旗	0.933	0.680
杭锦旗	1.000	0.794
乌审旗	0.944	0.748
伊金霍洛旗	0.777	0.602
临河区	0.998	0.767
五原县	0.999	0.816
磴口县	0.997	0.766
乌拉特前旗	0.996	0.825
乌拉特中旗	0.995	0.816
乌拉特后旗	0.953	0.679
杭锦后旗	1.000	0.814
卓资县	0.735	0.639
凉城县	0.897	0.729
察哈尔右翼中旗	0.905	0.633
四子王旗	0.897	0.744
阿拉善左旗	0.954	0.728

表 5-18 显示，区域内耕地的社会效益和生态效益耦合度较好，都在 0.7 以上；耦合度最高值为 1，是鄂尔多斯市的杭锦旗和巴彦淖尔市的杭锦后旗，处于良性共振耦合阶段。

区域内耕地的社会效益和生态效益耦合协调度全部处于较高水平耦合阶段。

其中处于［0.5，0.8)区间的旗县（区）为37个，占88.10%；处于［0.8，1)区间的旗县为5个，占11.90%，具体情况见图5-15。

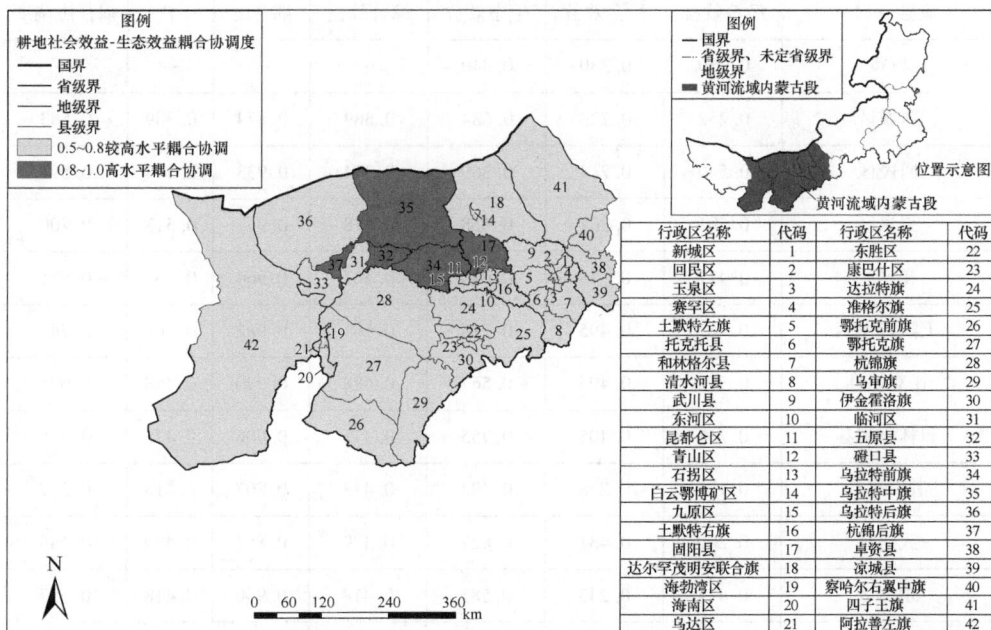

行政区名称	代码	行政区名称	代码
新城区	1	东胜区	22
回民区	2	康巴什区	23
玉泉区	3	达拉特旗	24
赛罕区	4	准格尔旗	25
土默特左旗	5	鄂托克前旗	26
托克托县	6	鄂托克旗	27
和林格尔县	7	杭锦旗	28
清水河县	8	乌审旗	29
武川县	9	伊金霍洛旗	30
东河区	10	临河区	31
昆都仑区	11	五原县	32
青山区	12	磴口县	33
石拐区	13	乌拉特前旗	34
白云鄂博矿区	14	乌拉特中旗	35
九原区	15	乌拉特后旗	36
土默特右旗	16	杭锦后旗	37
固阳县	17	卓资县	38
达尔罕茂明安联合旗	18	凉城县	39
海勃湾区	19	察哈尔右翼中旗	40
海南区	20	四子王旗	41
乌达区	21	阿拉善左旗	42

图5-15 黄河流域内蒙古段旗县（区）
社会效益-生态效益耦合协调度情况

图5-15 彩图

5.2.4.4 耕地经济效益-社会效益-生态效益耦合协调度分析

参照两者之间耦合协调度计算方法，测算黄河流域内蒙古段旗县（区）耕地经济效益-社会效益-生态效益耦合协调度。

$$C_{三者} = \sqrt[3]{\dfrac{U_1 U_2 U_3}{\left(\dfrac{U_1 + U_2 + U_3}{3}\right)^3}} \tag{5-4}$$

式中，U_1、U_2、U_3分别为经济效益、社会效益、生态效益评价值。

耦合协调度计算公式：

$$D = \sqrt{CT}, \quad T = \sqrt{au_1 + bu_2 + cu_3} \tag{5-5}$$

式中，D为耦合协调度；T为综合协调指数；a、b、c为待定系数，参考经济效益-社会效益-生态效益指标权重情况取值为0.33、0.33和0.34。计算结果见表5-19。

表5-19 黄河流域内蒙古段旗县（区）耕地经济效益-社会效益-生态效益耦合协调度情况

旗县（区）	经济效益	社会效益	生态效益	综合效益	耦合度	T	耦合协调度
权重	0.330	0.330	0.340	—	—	—	—
新城区	0.252	0.223	0.684	0.389	0.874	0.389	0.583
回民区	0.540	0.214	0.369	0.374	0.933	0.374	0.591
玉泉区	0.591	0.301	0.658	0.518	0.947	0.518	0.700
赛罕区	0.417	0.336	0.640	0.467	0.964	0.467	0.671
土默特左旗	0.467	0.495	0.715	0.561	0.982	0.561	0.742
托克托县	0.398	0.496	0.567	0.488	0.990	0.488	0.695
和林格尔县	0.255	0.405	0.755	0.475	0.906	0.475	0.656
清水河县	0.176	0.258	0.793	0.413	0.807	0.413	0.577
武川县	0.200	0.431	0.827	0.489	0.853	0.489	0.646
东河区	0.421	0.243	0.585	0.418	0.940	0.418	0.627
昆都仑区	0.408	0.227	0.599	0.413	0.927	0.413	0.619
青山区	0.252	0.195	0.751	0.403	0.834	0.403	0.579
石拐区	0.275	0.225	0.694	0.401	0.880	0.401	0.594
白云鄂博矿区	0.000	0.170	0.833	0.339	0	0.339	0.000
九原区	0.289	0.387	0.686	0.457	0.936	0.457	0.654
土默特右旗	0.827	0.745	0.428	0.664	0.962	0.664	0.799
固阳县	0.121	0.505	0.786	0.474	0.772	0.474	0.605
达尔罕茂明安联合旗	0.148	0.450	0.774	0.460	0.814	0.460	0.612
海勃湾区	0.716	0.219	0.397	0.444	0.893	0.444	0.629
海南区	0.559	0.226	0.570	0.453	0.921	0.453	0.646
乌达区	0.412	0.231	0.634	0.428	0.921	0.428	0.628
东胜区	0.216	0.227	0.724	0.393	0.845	0.393	0.576
康巴什区	0.000	0.170	0.833	0.339	0.111	0.339	0.194
达拉特旗	0.604	0.509	0.368	0.493	0.980	0.493	0.695

旗县（区）	经济效益	社会效益	生态效益	综合效益	耦合度	T	耦合协调度
准格尔旗	0.258	0.157	0.748	0.391	0.804	0.391	0.561
鄂托克前旗	0.357	0.398	0.734	0.499	0.948	0.499	0.688
鄂托克旗	0.306	0.306	0.651	0.423	0.935	0.423	0.629
杭锦旗	0.563	0.615	0.644	0.608	0.998	0.608	0.779
乌审旗	0.416	0.385	0.763	0.524	0.952	0.524	0.706
伊金霍洛旗	0.327	0.163	0.716	0.405	0.837	0.405	0.582
临河区	0.716	0.552	0.620	0.629	0.994	0.629	0.791
五原县	0.650	0.642	0.687	0.660	1.000	0.660	0.812
磴口县	0.365	0.643	0.544	0.518	0.973	0.518	0.710
乌拉特前旗	0.505	0.614	0.739	0.621	0.988	0.621	0.783
乌拉特中旗	0.356	0.596	0.730	0.562	0.958	0.562	0.734
乌拉特后旗	0.454	0.328	0.612	0.466	0.968	0.466	0.672
杭锦后旗	0.804	0.647	0.677	0.709	0.996	0.709	0.840
卓资县	0.184	0.167	0.874	0.413	0.734	0.413	0.551
凉城县	0.405	0.317	0.818	0.516	0.919	0.516	0.689
察哈尔右翼中旗	0.282	0.244	0.604	0.379	0.919	0.379	0.590
四子王旗	0.234	0.330	0.852	0.476	0.855	0.476	0.638
阿拉善左旗	0.460	0.378	0.701	0.515	0.967	0.515	0.706

表 5-19 显示，黄河流域内蒙古段旗县（区）内耕地的经济效益-社会效益-生态效益耦合度较好，除包头市白云鄂博矿区和和鄂尔多斯市的康巴什区较低，为 0 和 0.111，其余地区都在 0.7 以上；耦合度最高值为 1，是巴彦淖尔市的五原县，处于良性共振耦合阶段。

区域内耕地的经济效益-社会效益-生态效益耦合协调度，除包头市白云鄂博矿区和鄂尔多斯市的康巴什区外，其余全部高于 0.5，处于较高水平耦合协调阶段。其中处于［0.5，0.8）区间的旗县（区）为 38 个，占 90.48%；处于［0.8，1）区间的旗县为 2 个，占 4.76%，具体情况见图 5-16。

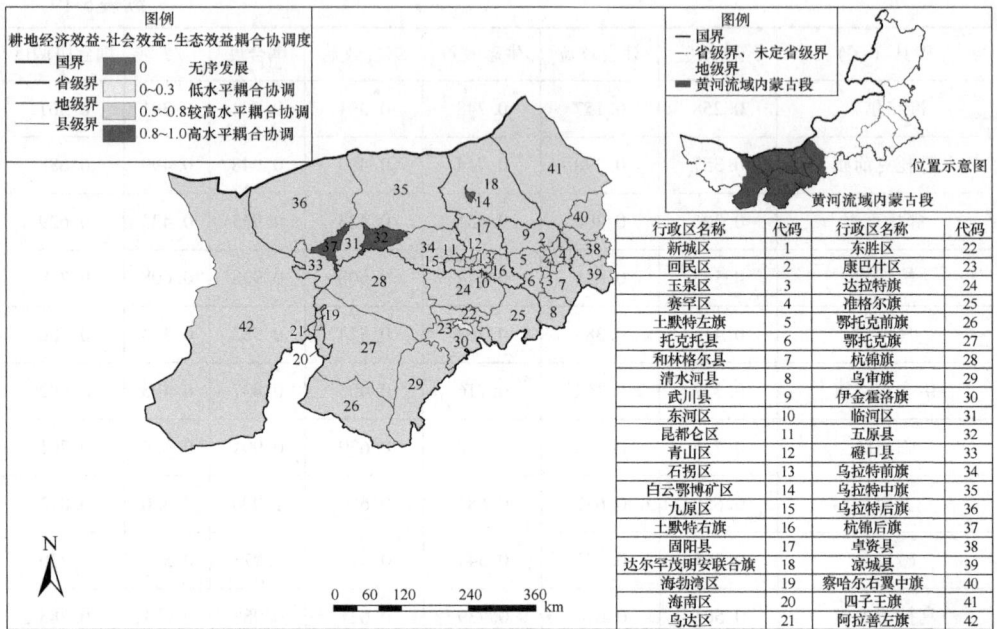

图 5-16 黄河流域内蒙古段旗县（区）
经济效益-社会效益-生态效益耦合协调度情况

图 5-16 彩图

5.3 主要结论

（1）土地资源综合评价分值普遍不高。由数据分析显示，自治区 11 个区域土地资源调查监测评价综合分值普遍较低，最高综合评价分值也仅为 54.418，刚超过 50；综合分值低于 30 的区域占到 54.6%，内蒙古自治区土地资源整体综合情况不容乐观。

（2）土地资源本底差异明显。受自治区自然地理环境影响，各类资源分布存在鲜明的地区性特点。由土地资源基本状况数据分析，11 个区域土地资源本底差异明显，最高区域评价分值是最低区域的 11 倍，并且各个区域土地资源基本状况评价分值相对分散，土地资源禀赋各具特色，有较明显差距。

（3）土地资源开发利用、保护有待加强。自治区土地资源开发利用、保护整体处于较低水平，评价分值最高仅 59.652，且分值低于 40 的区域占到 64%。全区在土地资源开发、利用与保护方面的工作还需要进一步加强，提高区域整体土地资源开发利用、保护程度。

（4）耕地资源整体呈增长态势，林、草、湿地资源呈下降态势。自治区耕地资源整体呈现增长趋势，年均增长达 0.1%；林、草、湿地等生态资源整体呈下降态势。此变化趋势是否有利于自治区资源环境协调发展及资源的可持续利用还需进一步深入研究。

（5）黄河流域内蒙古段地区耕地经济效益、社会效益较低。专项评估数据显示，黄河流域内蒙古段旗县（区）耕地整体耦合协调度较高，但耕地利用经济效益、社会效益较低，多数地区评价分值不高，处在较低与中等阶段。在保证区域耕地利用经济效益-社会效益-生态效益间处于耦合协调发展水平基础上，如何提高区域耕地经济效益、社会效益水平尚需开展相关深入研究。

6 典型区土地资源调查监测评价——以呼伦贝尔为例

6.1 技术路线和技术方法

6.1.1 技术路线

本研究在数据收集及典型区实地调研的基础上,对土地、林草、水利、矿产等多部门数据进行整理分析,采用层次分析法、单指标时空序列、承载力、协调度等方法对土地资源保护、开发、利用状况、土地资源协调性等进行调查监测与评价,为典型区重大政策响应提供参考依据。调查监测数据分析评价技术路线图如图 6-1 所示。

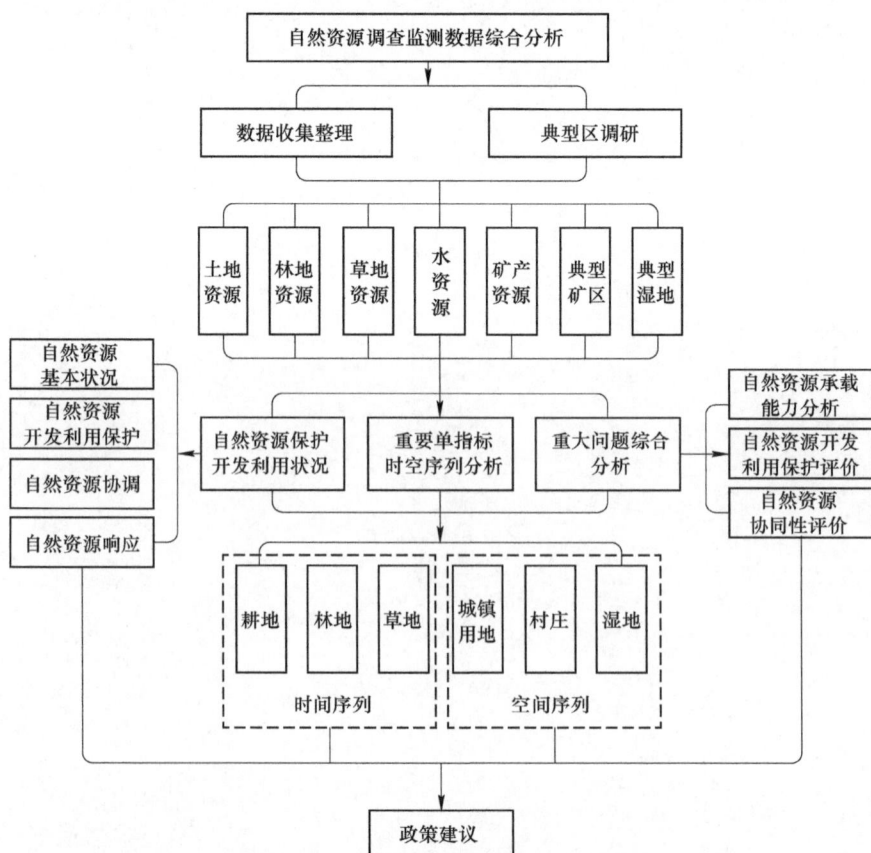

图 6-1 调查监测数据分析评价技术路线图

6.1.2 研究方法

6.1.2.1 层次分析法

层次分析法（AHP 法）是一种解决多目标复杂问题定性与定量相结合的决策分析方法。该方法将定量分析与定性分析结合起来，用决策者的经验判断各衡量目标能否实现的标准之间的相对重要程度，并合理地给出每个决策方案的每个标准的权数，利用权数求出各方案的优劣次序，比较有效地应用于难以用定量方法解决的综合评价。

采用层次分析法建立调查监测评价指标体系。将指标体系分为 4 个层级，分别是目标层、控制层、准则层和指标层。目标层即为"土地资源保护开发利用状况"；控制层分为 4 个方面，即土地资源基本状况、土地资源开发利用与保护、土地资源协同协调、土地资源响应。梳理目前的土地资源相关的调查监测数据，针对土地资源调查着重梳理全国土地调查、地理国情普查、林业资源普查、水资源普查及全面调查、全国湿地调查、地质矿产调查、草原资源普查、海洋资源和环境普查等调查监测数据；充分利用遥感数据产品梳理整合，主要包括数字高程、生态系统分布、植被覆盖度和净初级生产力等遥感数据产品；充分利用社会经济数据，主要包括人口、粮食种植面积、固定资产投资和生产总值等统计数据；在进行全国土地资源调查监测数据分析评价前，充分整合并利用所能应用的各个方面的数据资源。

6.1.2.2 单指标时间序列分析方法

采用水平分析法、速度分析法等时间序列分析方法对典型区重要的单指标进行分析。研究重要土地资源的变化趋势及规律，通过多种 GIS 空间分析技术，探寻土地资源的空间格局与时序分析特点。

水平分析方法：可针对土地资源基本状况指标、土地资源开发利用与保护指标、土地资源协同协调指标和土地资源响应指标等时间序列数据进行水平分析，包括发展水平和平均发展水平分析、增长水平和平均增长水平分析。

速度分析方法：用于对土地资源发展速度和增长速度进行分析，主要包括发展速度与增长速度、平均发展速度与平均增长速度。

分解分析方法：在时间序列中，各个时期的发展水平受到各种因素的共同影响，土地资源调查监测各个指标数据也存在长期趋势、季节变动、循环变动和比规则变动等影响因素，对时间序列数据进行分解分析能够明确其内在发展规律。

6.1.2.3 单指标空间序列分析方法

对土地资源调查监测数据分析评价指标体系中具有地理空间属性的指标进行全局空间自相关和局部空间自相关分析，研究城镇、村庄及湿地等不同时段的空间变化，分析其变化规律。

空间数据分析方法：探索性空间数据分析方法（ESDA）是指利用统计学原理和图形图表相结合对空间信息的性质进行分析、鉴别，用以引导确定性模型的结构和解法。

地统计分析方法：地统计学是以区域化变量理论为基础，以变异函数为主要工具，研究在空间分布上既有随机性又有结构性，或空间相关和依赖性，或空间格局与变异，并对这些数据进行最优无偏内插估计，或模拟这些数据的离散性、波动性。

6.1.2.4 多指标专题综合评价方法

各类土地资源之间相互联系、相互制约、相互影响、相互转化，构成了土地资源循环体系。对土地资源的开发利用和保护，不仅要遵循土地资源价值和供求关系规律，而且还要遵循土地资源的整体性规律。以不同类型土地资源为主体，分析土地资源、林业资源、湿地资源、水资源、草原资源、矿产资源和海洋资源内部之间的相互关系，基于全国土地资源调查监测数据，分析不同类型土地资源之间的协调性。研究不同类型土地资源之间的关联关系、制约关系、影响关系、转化关系。采用土地资源承载力、土地资源协调性等方法解决耕地与人口承载关系、建设用地开发强度以及土地资源开发、利用、保护协调性等问题。

6.2 研究区概况

呼伦贝尔市地处东经 115°31′~126°04′、北纬 47°05′~53°20′。东西 630 km、南北 700 km，总面积 26.2 万平方公里，占自治区面积的 21.4%。呼伦贝尔市土地资源丰富，耕地、草地、森林、湿地等土地资源均具有典型代表性，因此，选择呼伦贝尔市作为此次研究的典型区。

6.2.1 自然概况

6.2.1.1 地理位置

（1）地形特点：呼伦贝尔市西部位于内蒙古高原东北部，海拔 550~1000 m，为呼伦贝尔大草原；大兴安岭以东北—西南走向纵贯呼伦贝尔市中部，海拔 700~1700 m，构成呼伦贝尔的林区；东部为大兴安岭东麓，东北平原—松嫩平原边缘，海拔 200~500 m，有种植业为主的农业经济区分布。地形总体特点为：西高东低，地势分布呈由西到东地势缓慢过渡。

（2）气候特点：呼伦贝尔地处温带北部，大陆性气候显著。以根河与额尔古纳河交汇处为北起点，向南大致沿 120 °E 经线划界：以西为中温带大陆性草原气候；以东的大兴安岭山区为中温带季风性混交林气候，低山丘陵和平原地区为中温带季风性森林草原气候，"乌玛—奇乾—根河—图里河—新帐房—加格达奇-125 °E 蒙黑界"以北属于寒温带季风性针叶林气候。全市气候特点是冬季寒冷漫长，夏季温凉短促，春季干燥风大，秋季气温骤降霜冻早；热量不足，昼夜温差大，有效积温利用率高，无霜期短，日照丰富，降水量差异大，降水期多集中在 7~8 月。全年气温冬冷夏暖，温差较大。全市大部分地区年平均气温在 0 ℃以下，只有大兴安岭以东和岭西少部分地区在 0 ℃以上，岭东农区年平均气温在 1.3~2.4 ℃之间，大兴安岭地区为-2.0~5.3 ℃，牧区为 0.4~3.0 ℃。最冷月（1 月）平均气温在-30~-18 ℃之间，最热月（7 月）平均气温在 16~21 ℃之间。降水量变化大，分布不均匀，年际变化也大。冬春两季各地降水一般为 40~80 mm，占年降水量 15%左右。夏季降水量大而集中，大部地区为 200~300 mm，占年降水量 65%~70%，秋季降水量相应减少，总的分部趋势是：农区 60~80 mm，林区 50~80 mm，牧区 30~50 mm。

6.2.1.2 土地资源

根据 2018 年土地变更调查成果，呼伦贝尔市土地面积 2527.78 万公顷，其中林地面积最大，占土地面积的 57.78%，水域及水利设施次之，占 23.39%，其余依次为耕地、交通运输用地、草地、城镇村及工矿用地、其他土地、园地，占比分别为 20.13%、17.68%、13.64%、12.84%、6.19%、6.18%。土地利用类型中，耕地主要为旱地，所占比例为 98.25%；园地以果园为主；林地以有林地为主，占林地面积比例为 88.19%；草地主要是天然牧草地，面积为 803.68 万公顷，占草地面积 86.49%；城镇村及工矿用地中，村庄用地类型面积最大，为 9.32 万公顷，占 52.61%，其次为建制镇，面积 3.80 万公顷，占 21.44%，城市、采矿用地所占比例较低，仅为 14.90%和 8.95%；交通运输用地中，农村道路面积较大，占 65.94%，其次是公路用地，占 19.56%；水域及水利设施用地以湖泊水面、河流水面、内陆滩涂为主，所占比例分别为 45.35%、29.08%、20.08%；其他土地以沼泽居多，面积为 69.47 万公顷，占 59.14%。

6.2.1.3 森林资源

大兴安岭在蒙古高原与松辽平原之间，自东北向西南，逶迤纵贯千余里，构成了呼伦贝尔市林业资源的主体。呼伦贝尔市境内林地面积 13.42 万平方公里，占全市土地总面积的 50%以上；森林覆盖率 49%，森林活立木总蓄积量 9.5 亿立方米；林区的主要树种有兴安落叶松、樟子松、白桦、黑桦、山杨、蒙古柞等。

6.2.1.4 草原资源

呼伦贝尔草原位于大兴安岭以西，是牧业四旗——新右旗、新左旗、陈旗、鄂温克旗和海区、满市及额尔古纳市南部、牙克石市西部草原的总称。由东向西呈规律性分布，地跨森林草原、草甸草原和干旱草原三个地带。除呼伦贝尔草原东部（约占草原总面积的 10.5%）为森林草原过渡地带外，其余多为天然草场。多年生草本植物是组成呼伦贝尔草原植物群落的基本生态性特征，草原植物资源约 1000 余种，隶属 100 个科 450 个属。

呼伦贝尔草场又可分为八大类。主要有六大类，即山地草甸、山地草甸草原、丘陵草甸草原、平原丘陵干旱草原、沙地植被草地、低地草甸草场。

6.2.1.5 水资源

呼伦贝尔市水资源总量为 286.6 亿立方米，其中地表水资源量 272 亿立方米，占中国地表水资源量的 1%，占全区地表水资源量的 73%；地下水资源总量 14.6 亿立方米。全市人均占有水资源量为 1.1 万立方米，高于世界人均占有量，是全国人均占有量的 4.66 倍。水能资源理论蕴藏量 246 万千瓦，水域面积 48.32 万公顷。

6.2.1.6 生物资源

呼伦贝尔市野生植物资源相当丰富，共有野生植物 1400 多种，有经济价值的野生植物达 500 种以上，主要有野生药用植物、野生经济植物、野生油料植物、野生纤维植物、野生淀粉植物、野生食用植物、野生果品植物等。植被分布由森林向草原过渡，植被的分布依年降水量决定。

全市野生动物品种和数量繁多。据不完全统计，全市野生动物种类占中国野生动物种类总数的 12.3%，占自治区的 70% 以上，居第一位。受国家保护的鸟类有 60 多种，如丹顶鹤、白头鹤、白鹤、灰鹤、大天鹅、小天鹅等。

6.2.1.7 矿产资源

全市探查到的各类矿产达 40 余种，矿点 370 多处。其中 57 处矿点已探明，主要有煤炭、石油、铁、铜、铅、锌、钼、金、银、铼、铍、铟、镉、硫铁矿、芒硝、萤石、重晶石、溴、水泥灰岩等。煤炭探明储量是辽宁、吉林、黑龙江三省总和的 1.8 倍。

6.2.2 社会经济概况

2001 年 10 月 10 日呼伦贝尔撤盟设市，政府驻地海拉尔区。现辖 14 个旗市区，其中有 2 个区：海拉尔区、扎赉诺尔区；5 个市：满洲里市、扎兰屯市、牙克石市、根河市、额尔古纳市；7 个旗：阿荣旗、莫力达瓦达斡尔族自治旗、鄂伦春自治旗、鄂温克族自治旗、新巴尔虎左旗、新巴尔虎右旗、陈巴尔虎旗；68 个镇、19 个乡（其中 13 个民族乡）、19 个苏木（其中 1 个民族苏木）、36 个街道办事处。共有包括汉族、蒙古族、达斡尔族、鄂伦春族、鄂温克族、哈萨克族等 42 个民族。2018 年末全市常住人口 253.01 万人。其中，城镇人口 183.76 万人，乡村人口 69.25 万人，常住人口城镇化率 72.63%；人口自然增长率 1.4‰。

6.3　土地资源调查监测评价

6.3.1　土地资源调查监测指标体系构建

　　根据《第三次全国国土调查技术规程》《草地资源调查技术规程》《水资源评价导则》《森林资源规划设计调查技术规程》及《全国实地资源调查与监测技术规程（试行）》等标准，结合内蒙古土地资源禀赋特点，从土地资源数量-质量-生态"三位一体"的角度出发，根据各类土地资源调查标准及数据情况，重点从土地资源基本情况、土地资源开发利用与保护、土地资源协调协同、土地资源响应4个方面进行分析。

　　本研究基本采用了中国国土勘测规划院制定的《土地资源调查监测数据综合分析评价指标体系》，并结合呼伦贝尔市典型区特征及数据可获取性，对其进行了调整，剔除了乔木林单位面积蓄积量、Ⅰ～Ⅲ类水占水资源总量的比例、土地资源连通度、土地资源聚合度、单位面积生态功能变化率、自然保护地面积占比、城镇化发展的耕地消耗弹性、城镇化发展的林、草、湿地消耗弹性、退化土地面积比例、"未批先建"占地比率、"批而未用"占地比率、土地违法案件涉及土地面积、退化土地面积比例（退化包括灾毁）、耕地非粮化率、废弃闲置宅基地面积比例、土地资源资产确权登记完成情况、历史遗留损毁土地复垦率、土地退化治理率、矿山恢复治理率、水功能区水质达标率等指标，其他指标数据除森林蓄积量、草原综合植被覆盖度以盟市为单位进行统计分析外，其余指标均以旗县为单位进行统计分析。呼伦贝尔市土地资源调查监测数据分析评价指标体系见表6-1。

6.3.2　土地资源调查监测结果分析

6.3.2.1　土地资源基本状况分析

A　土地资源数量情况

a　土地调查面积

　　根据第三次国土调查初步成果，呼伦贝尔市土地总面积23465340.46公顷，其中，湿地面积2472478.22公顷，耕地面积2205344.46公顷，种植园用地面积4315.00公顷，林地面积11298382.70公顷，草地面积6643258.97公顷，商业服务业用地面积5646.26公顷，工矿用地面积23141.46公顷，住宅用地面积38471.39公顷，公共管理与公共服务用地6763.30公顷，特殊用地面积2638.69公顷，交通运输用地面积120246.16公顷，水域及水利设施用地面积373668.48公顷，其他土地面积270985.37公顷。从调查结果可以看出，林地、草地、湿地是呼伦贝尔市主要土地利用类型，地类面积占全市总面积的86.99%。

表6-1 呼伦贝尔市土地资源调查监测数据分析评价指标体系

目标层	控制层	准则层	指标层（基本面）				指标表征	指标性质
			指标名称	计量单位	计算方法	数据来源		
土地资源保护开发利用状况	土地资源基本状况	土地资源数量	土地调查面积	公顷	调查统计数据	第三次全国国土调查	土地资源禀赋	绝对值（正向）
			森林蓄积量	亿立方米	调查统计数据	第三次全国国土调查、森林专项调查	土地资源禀赋	绝对值（正向）
			森林覆盖率	%	调查统计数据	第三次全国国土调查、森林专项调查	土地资源禀赋	绝对值（正向）
			草原面积	公顷	调查统计数据	第三次全国国土调查	土地资源禀赋	绝对值（正向）
			草原综合植被覆盖度	%	调查统计数据	第三次全国国土调查、草原专项调查	土地资源禀赋	绝对值（正向）
			水资源总量	亿立方米	调查统计数据	水资源调查	土地资源禀赋	绝对值（正向）
			湿地保有量	公顷	调查统计数据	第三次全国国土调查、湿地专项调查	土地资源禀赋	绝对值（正向）
		土地资源质量	优、高等耕地占耕地总面积的比例	%	（优等耕地面积+高等耕地面积）/耕地总面积×100%	农用地分等定级数据、第三次全国国土调查	耕地保护情况	绝对值（正向）

目标层	控制层	准则层	指标层（基本面）					指标性质
			指标名称	计量单位	计算方法	数据来源	指标表征	
土地资源保护开发利用状况	土地资源基本状况	土地资源质量	产草量	kg/公顷	调查统计数据	草原专项调查	土地资源禀赋	绝对值（正向）
		土地资源格局	土地资源多样性指数		$H = -\sum_{i=1}^{m} P_i \ln P_i$；$H$：多样性指数；$P_i$：景观类型 i 所占面积比例；m：景观类型数量	基于第三次全国国土调查矢量数据计算	国土空间格局概况	绝对值（值越高破碎化程度越大）
	土地资源开发利用与保护	土地资源开发强度	土地开发强度	%	建设用地面积/区域土地总面积×100%	第三次全国国土调查	国土空间开发利用	绝对值（负向）
			垦殖指数	%	耕地面积/区域土地总面积×100%	第三次全国国土调查	耕地保护情况	绝对值（正向）
			永久基本农田比例	%	永久基本农田面积/区域土地总面积×100%	国土空间规划编制实施情况统计	国土空间规划编制	绝对值（正向）
			城镇开发边界比例	%	城镇开发边界/区域土地总面积×100%	国土空间规划编制实施情况统计	国土空间规划编制	绝对值（负向）
			水资源开发利用率	%	水资源开发利用量/水资源储量×100%	水资源调查	国土空间开发利用	绝对值（正向）
			用水总量	亿立方米	调查统计数据	区域统计年鉴	水资源开发利用情况	绝对值（正向）

续表6-1

目标层	控制层	准则层	指标层（基本面）			数据来源	指标表征	指标性质
			指标名称	计量单位	计算方法			
土地资源保护开发利用状况	土地资源开发利用与保护	土地资源集约利用程度	万元 GDP 占地面积	公顷/万元	建设用地面积/地区生产总值（GDP）	第三次全国国土调查，区域统计年鉴	土地资源节约集约利用情况	绝对值（负向）
			单位固定资产投资消耗新增建设用地量	公顷/亿元	新增建设用地面积/固定资产投资	第三次全国国土调查，区域统计年鉴	土地资源节约集约利用情况	绝对值（正向）
			单位人口增长消耗新增建设用地量	m^3/人	新增建设用地面积/人口增长量	第三次全国国土调查，区域统计年鉴	土地资源节约集约利用情况	变化率（正向）
			空闲地占比	%	城乡空闲地面积/城乡建设用地面积×100%	第三次全国国土调查	土地资源节约集约利用情况	绝对值（负向）
			绿色矿山数量	个	调查统计数据	土地资源综合统计调查制度	土地资源节约集约利用情况	绝对值（正向）
			万元 GDP 水耗	m^3/万元	总用水量/国内生产总值（GDP）	第三次全国国土调查，区域统计年鉴	土地资源节约集约利用情况	绝对值（负向）
		土地资源保护状况	耕地保有量完成率	%	（实际增加的耕地面积-实际土地整理、复垦、退耕还林还草等减少的耕地面积）/计划增加的耕地面积×100%	第三次全国国土调查	耕地保护情况	（正数或负数）
			生态保护红线面积比例	%	生态保护红线面积/区域土地总面积×100%	国土空间规划编制实施情况统计	国土空间规划编制	绝对值（正向）
			湿地保护率	%	受保护湿地面积/湿地总面积×100%	第三次全国国土调查，湿地专项统计	土地资源概况	绝对值（正向）

续表6-1

目标层	控制层	准则层	指标名称	计量单位	计算方法	数据来源	指标表征	指标性质
					指标层（基本面）			
土地资源保护开发利用状况	土地资源协同开发	土地资源与经济社会发展协调性	人均耕地面积	公顷/人	区域耕地面积/总人口	第三次全国国土调查、区域统计年鉴	土地资源禀赋	绝对值（正向）
			城镇人均建设用地面积	公顷/人	城镇区域建设用地总量/总人口	第三次全国国土调查、区域统计年鉴	土地资源禀赋	绝对值（正向）
			农村人均建设用地面积	公顷/人	农村区域建设用地总量/总人口	第三次全国国土调查、区域统计年鉴	土地资源禀赋	绝对值（正向）
			城镇人均住宅用地面积	公顷/人	城镇区域住宅用地面积/总人口	第三次全国国土调查、区域统计年鉴	土地资源禀赋	绝对值（正向）
			农村人均住宅用地面积	公顷/人	农村区域住宅用地面积/总人口	第三次全国国土调查、区域统计年鉴	土地资源禀赋	绝对值（正向）
			国土开发强度变异系数		国土开发强度标准差/国土开发强度平均值	基于第三次全国国土调查矢量数据计算	国土空间开发利用	绝对值（负向）
		土地资源的区域协调性	人均水资源量	m^3/人	水资源总量/总人口	水资源调查、区域统计年鉴	土地资源禀赋	绝对值（正向）
			耕地面积占全区耕地面积比例	%	耕地面积/全国耕地面积×100%	第三次全国国土调查	土地资源资产核算	绝对值（正向）
			森林面积占全区森林面积比例	%	森林面积/全国森林总面积×100%	第三次国土调查、森林专项调查	土地资源资产核算	绝对值（正向）

续表6-1

目标层	控制层	准则层	指标层（基本面）				指标表征	指标性质
			指标名称	计量单位	计算方法	数据来源		
土地资源保护开发利用状况	土地资源保护开发利用同协调	土地资源的区域协调性	草原面积占全区草原面积比例	%	草原面积/全国草原总面积×100%	第三次国土调查，草原专项调查	土地资源资产核算	绝对值（正向）
			水资源量占全区水资源量比例	%	水资源量/全国水资源总量×100%	水资源调查	土地资源资产核算	绝对值（正向）
			湿地面积占全区湿地面积比例	%	湿地面积/全国湿地总面积×100%	第三次国土调查，湿地专项调查	土地资源资产核算	绝对值（正向）
		重要政策及重大工程实施响应	农用地整治面积	公顷	调查统计数据	土地资源统计数据	国土空间生态修复情况	绝对值（正向）
			退耕还林还草面积	公顷	调查统计数据	土地资源统计数据	国土空间生态修复情况	绝对值（正向）
		自然社会经济反映	年度耕地净变化量	公顷	调查统计数据	第三次全国国土调查	国土空间用途管制	绝对值（正向）

注：
1. 考虑到当前数据的可获取性，表中暂未包括矿产和海洋资料具体指标。
2. 实际评价工作中，可根据各地实际情况适当调整指标并说明理由，旨在真实反映当地土地资源综合状况。
3. 对个别难以获取的指标，可结合各地实际情况利用其他相关相似指标替代。

（1）林地占呼伦贝尔市土地面积的 48.15%，在全市土地利用类型中排第 1 位。其中，鄂伦春自治旗的林地面积最大，达到 2778039.15 公顷，占林地总面积的 24.59%；其次是额尔古纳市和牙克石市，分别占林地总面积的 18.38% 和 17.46%；扎赉诺尔区的林地分布最少，仅有 330.40 公顷，占林地总面积的 0.003%。

（2）草地占呼伦贝尔市土地面积的 28.31%，在全市土地利用类型中排第 2 位。其中，新巴尔虎右旗的林地面积最大，达到 2131288.42 公顷，占草地总面积的 32.08%；其次是新巴尔虎左旗和陈巴尔虎旗，分别占草地总面积的 22.38% 和 18.66%；根河市的草地分布最少，仅有 2441.97 公顷，占草地总面积的 0.04%。

（3）湿地占呼伦贝尔市土地面积的 10.54%，在全市土地利用类型中排第 3 位。其中，鄂伦春自治旗的湿地面积最大，达到 497813.38 公顷，占湿地总面积的 20.13%；其次是牙克石市和根河市，分别占湿地总面积的 19.08% 和 14.26%；扎赉诺尔区的湿地分布最少，仅有 186.37 公顷，占湿地总面积的 0.008%。

（4）耕地占呼伦贝尔市土地面积的 9.40%，在全市土地利用类型中排第 4 位。其中莫旗的耕地面积最大，达到 605176.77 公顷，占耕地总面积的 27.44%；其次是阿荣旗和鄂伦春自治旗，分别占耕地总面积的 16.69% 和 14.80%；扎赉诺尔区的耕地分布最少，仅有 840.22 公顷，占耕地总面积的 0.04%。

b 森林蓄积量和森林覆盖率

根据森林专项调查成果，呼伦贝尔市森林蓄积量为 11.6 亿立方米，森林活立木总蓄积量 9.5 亿立方米，全市森林活立木蓄积量占自治区的 93.6%，占全国的 9.5%。

呼伦贝尔市森林覆盖率为 48.16%，其中，根河市的森林覆盖率在呼伦贝尔全市范围内最大，达到 81.25%；其次是鄂伦春自治旗和额尔古纳市，森林覆盖率分别为 76.05% 和 71.73%；森林覆盖率小的市、区包括满洲里市、扎赉诺尔区、新巴尔虎右旗，其中又以新巴尔虎右旗最少，为 0.13%。呼伦贝尔市森林覆盖率分布如图 6-2 所示。

c 草原面积与草原综合植被覆盖度

根据第三次国土调查初步调查成果数据，呼伦贝尔市的草原面积 6643258.97 公顷，占呼伦贝尔市土地面积的 28.31%；根据 2019 年草原监测数据，草原综合植被覆盖度为 62.25%，高于全国草原综合植被覆盖度的 55.7%。

d 水资源总量

根据呼伦贝尔市 2017 年国民经济和社会发展统计公报，呼伦贝尔市水资源总量为 316.1895 亿立方米，其中，地表水资源量为 298.19 亿立方米，地下水资源量为 18 亿立方米。全市水资源量地域分布不均匀，鄂伦春自治旗的水资源量在全市范围内最大，达到 113.7083 亿立方米，占 35.96%；其次是牙克石市，水资源量为 42.6827 亿立方米，占 13.50%；水资源量较少的市、区包括新巴尔虎右旗、海拉尔、满洲里市，其中又以满洲里市最少，为 0.2270 亿立方米，占 0.07%。呼伦贝尔市各旗县水资源总量分布如图 6-3 所示。

图例
- 国界
- 省级界、未定省级界
- 地级界
- 呼伦贝尔市

研究区位置

行政区名称	代码
海拉尔区	1
扎赉诺尔区	2
阿荣旗	3
莫力达瓦达斡尔族自治旗	4
鄂伦春自治旗	5
鄂温克族自治旗	6
陈巴尔虎旗	7
新巴尔虎左旗	8
新巴尔虎右旗	9
满洲里市	10
牙克石市	11
扎兰屯市	12
额尔古纳市	13
根河市	14

0 45 90   180   270 km

图例
森林覆盖率/%
- 国界
- 省级界
- 地级界
- 县级界
- 0.00~0.14
- 0.14~20.70
- 20.70~35.94
- 35.94~66.58
- 66.58~98.71

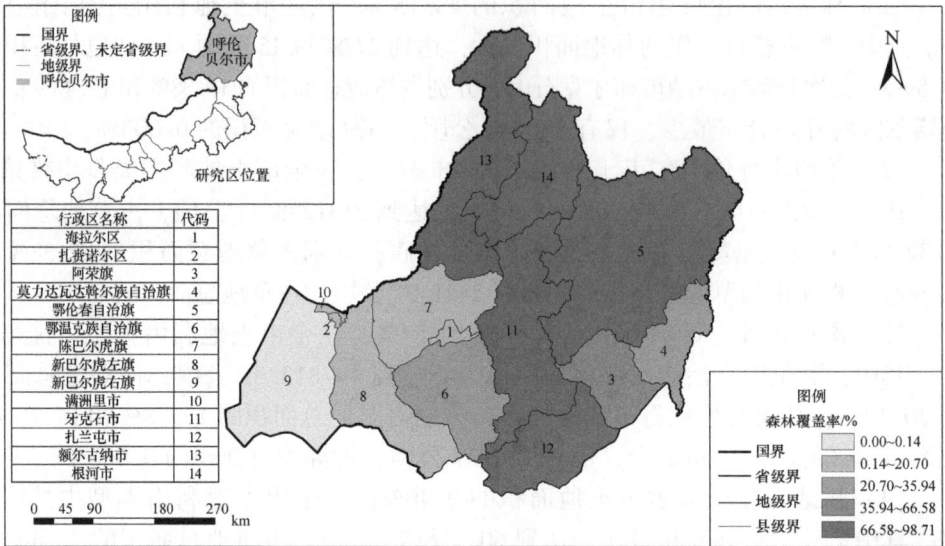

图 6-2 呼伦贝尔市森林覆盖率分布图

图 6-2 彩图

图例
- 国界
- 省级界、未定省级界
- 地级界
- 呼伦贝尔市

研究区位置

行政区名称	代码
海拉尔区	1
扎赉诺尔区	2
阿荣旗	3
莫力达瓦达斡尔族自治旗	4
鄂伦春自治旗	5
鄂温克族自治旗	6
陈巴尔虎旗	7
新巴尔虎左旗	8
新巴尔虎右旗	9
满洲里市	10
牙克石市	11
扎兰屯市	12
额尔古纳市	13
根河市	14

0 45 90   180   270 km

图例
水资源总量/万立方米
- 国界
- 省级界
- 地级界
- 县级界
- 2269.71~27842.29
- 27842.30~70078.82
- 70078.83~256658.46
- 256658.47~426826.90
- 426826.91~1137082.74

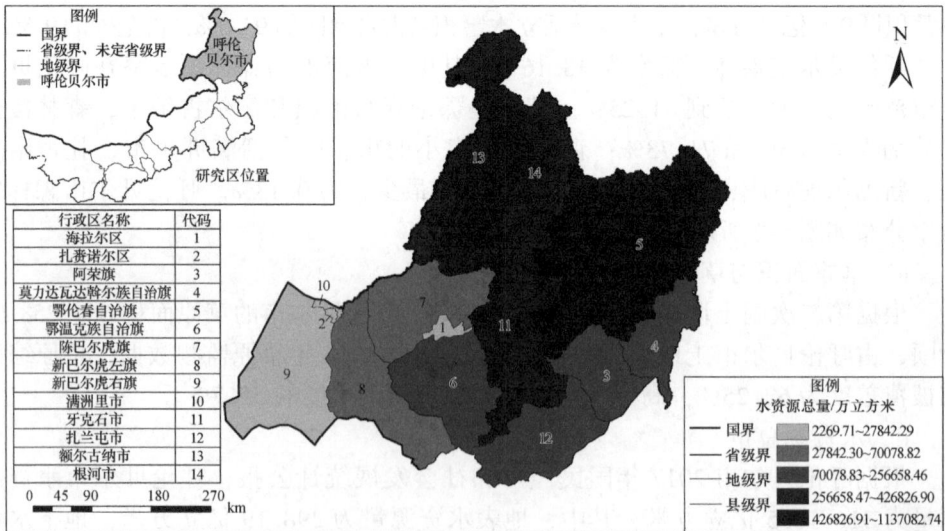

图 6-3 呼伦贝尔市各旗县（市、区）水资源总量分布图

图 6-3 彩图

e 湿地保有量

根据第三次国土调查面积及湿地专项调查，呼伦贝尔市湿地保有量为2472478.22公顷。其中，鄂伦春自治旗、牙克石市、根河市、额尔古纳市湿地面积较大。著名的额尔古纳湿地位于额尔古纳市，是中国目前原状态保持最完好、面积最大的湿地。

呼伦贝尔市及各旗县土地资源数量情况见表6-2。

表6-2 呼伦贝尔市及各旗县土地资源数量情况统计

行政区名称	土地调查面积/公顷	森林蓄积量/亿立方米	森林覆盖率/%	草原面积/公顷	草原综合植被覆盖度/%	水资源总量/万立方米	湿地保有量/公顷
呼伦贝尔市	23465340.53	11.60	48.15	6643258.97	62.25	3161895.46	2472478.22
海拉尔区	131404.28		7.31	53255.97		9054.01	19012.18
阿荣旗	1107485.88		51.25	57009.81		189690.67	82335.02
莫力达瓦达翰尔族自治旗	1035894.32		21.29	66308.96		147312.53	95143.20
鄂伦春自治旗	3653013.10		76.05	15884.37		1137082.74	497813.38
鄂温克族自治旗	1865188.16		34.69	904594.44		149485.37	183238.41
陈巴尔虎旗	1745976.58		7.19	1239935.18		55730.71	172935.80
新巴尔虎左旗	2011362.19	—	7.03	1486703.39		70078.82	178070.70
新巴尔虎右旗	2484067.75		0.13	2131288.42		27842.29	83294.31
满洲里市（含扎赉诺尔矿区）	46493.30		6.91	26441.01		2269.71	6340.49
牙克石市	2781207.78		70.95	130965.67		426826.90	471702.81
扎兰屯市	1678768.57		67.07	128182.33		256658.46	108338.91
额尔古纳市	2896001.55		71.72	380665.65		304170.74	221395.91
根河市	2001506.95		81.23	2441.97		385692.50	352670.73

B　土地资源质量状况

a　优、高等耕地占耕地总面积的比例

根据耕地质量分等定级成果，呼伦贝尔市耕地等级最高为 11 等，面积为 2247.34 公顷，占总耕地面积的 0.11%；耕地等级最低为 15 等，面积为 478933.12 公顷，占总耕地面积的 22.77%，耕地质量普遍偏低。优、高等耕地占耕地总面积的比例为 16.22%，全市的优、高等耕地总体数量较少且分布不均匀，其中，莫旗的优、高等耕地在全市范围内面积最大，为 311280.99 公顷，占莫旗耕地面积的 53.48%；其次是陈巴尔虎旗和满洲里市，面积分别为 53750.51 公顷和 821.02 公顷，占耕地面积的 51.42% 和 34.37%；扎赉诺尔区、海拉尔区、阿荣旗优、高等耕地面积均为 0。呼伦贝尔市各旗县优质耕地比例分布如图 6-4 所示。

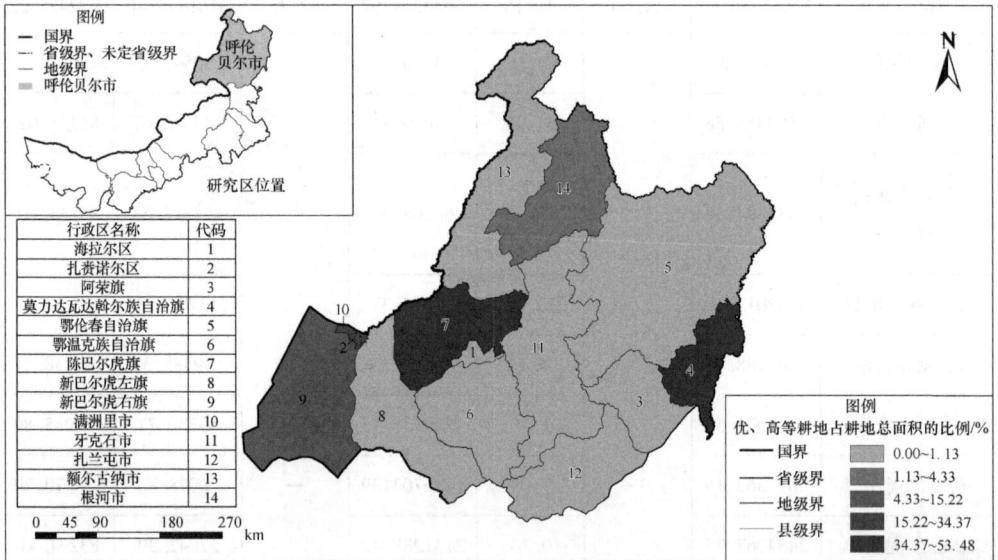

图 6-4　呼伦贝尔市各旗县（市、区）优质耕地比例分布图

图 6-4 彩图

b　产草量

呼伦贝尔市共布设草原监测样点 93 个，分布在海拉尔区、阿荣旗、莫旗、鄂温克族自治旗、陈巴尔虎旗、新巴尔虎左旗、新巴尔虎右旗、牙克石市、额尔古纳市。根据草原监测样点数据，呼伦贝尔市平均产草量鲜重为 3591.36 kg/公顷，风干重为 1589.64 kg/公顷。呼伦贝尔市各旗县产草量分布如图 6-5 所示。

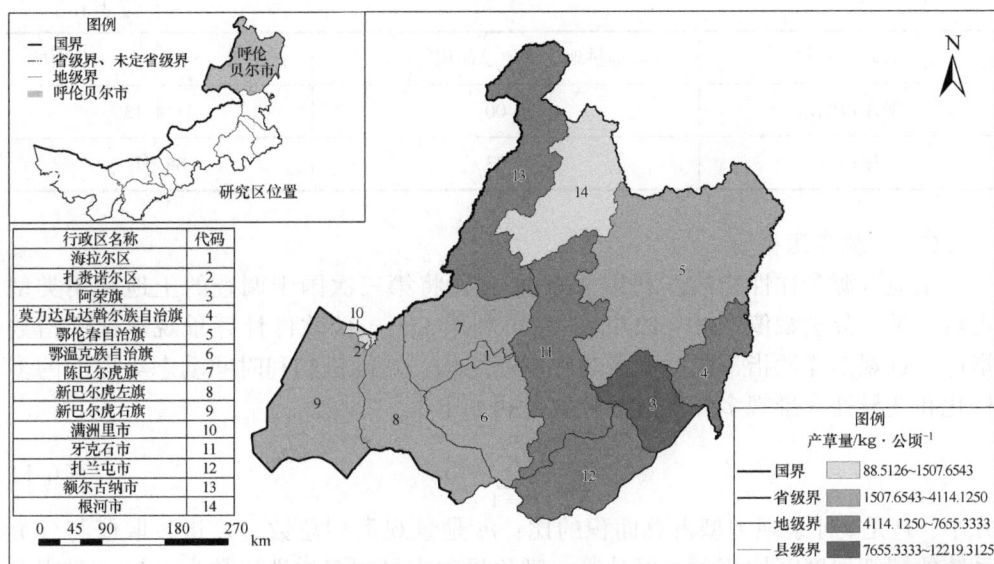

图 6-5 呼伦贝尔市各旗县（市、区）产草量分布图

图 6-5 彩图

呼伦贝尔市及各旗县土地资源质量情况统计见表 6-3。

表 6-3 呼伦贝尔市及各旗县土地资源质量情况统计

行政区名称	优高等耕地占耕地总面积的比例/%	产草量（湿重）/kg·公顷⁻¹
呼伦贝尔市	16.22	3591.36
海拉尔区	0.00	3973.13
阿荣旗	0.00	12219.31
莫力达瓦达斡尔自治旗	53.48	5443.33
鄂伦春自治旗	0.00	2923.00
鄂温克族自治旗	0.00	3121.03
陈巴尔虎旗	51.42	2287.33
新巴尔虎左旗	1.13	2028.75
新巴尔虎右旗	15.22	2643.79
满洲里市（含扎赉诺尔区）	34.37	1507.65
牙克石市	0.20	7124.32
扎兰屯市	0.91	7655.33

续表 6-3

行政区名称	优高等耕地占耕地总面积的比例/%	产草量（湿重）/kg·公顷⁻¹
额尔古纳市	0.00	4114.13
根河市	4.33	88.51

C 土地资源格局

土地资源多样性指数：利用 ArcGIS 软件将第三次国土调查的土地利用类型重新分类，分别赋值"00~12"，然后再利用 Fragstats 软件计算景观多样性指数指标。景观多样性指不同类型景观在空间结构、功能机制和时间动态等方面的多样化和变异性。景观多样性指数计算公式如下：

$$H = - \sum_{i=1}^{m} P_i \ln P_i \tag{6-1}$$

式中，P 是 i 种景观类型占总面积的比；m 是景观类型总数。该指数取值与分类系统的精细程度密切相关。经计算，呼伦贝尔市景观多样性指数为 1.06，景观多样性水平较低，表明景观类型分配不合理，景观异质性较低。以旗县为分析对象，扎赉诺尔区景观多样性指数最高，为 1.65，其次是海拉尔区和莫旗，分别为 1.62 和 1.24，是呼伦贝尔市景观异质性较高的区域。呼伦贝尔市景观多样性指数分布如图 6-6 所示。呼伦贝尔市及各旗县土地资源多样性指数情况统计见表 6-4。

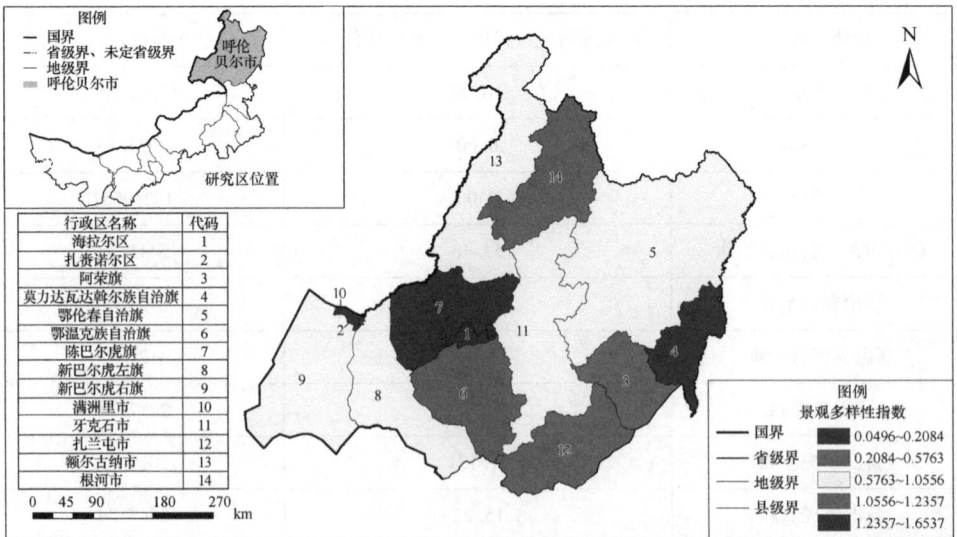

图 6-6 呼伦贝尔市景观多样性分布图

图 6-6 彩图

表 6-4 呼伦贝尔市及各旗县土地资源多样性指数情况统计

行政区名称	土地资源多样性指数
呼伦贝尔市	1.06
海拉尔区	1.62
阿荣旗	0.21
莫力达瓦达斡尔自治旗	1.24
鄂伦春自治旗	0.78
鄂温克族自治旗	1.23
陈巴尔虎旗	0.05
新巴尔虎左旗	0.99
新巴尔虎右旗	0.58
满洲里市	1.55
牙克石市	0.93
扎兰屯市	1.06
额尔古纳市	0.93
根河市	0.54
扎赉诺尔区	1.65

6.3.2.2 土地资源开发利用与保护分析

A 土地资源开发强度

a 土地开发强度

土地开发强度是衡量土地开发程度的重要指标之一，衡量的是各类建设用地总量占国土面积的比重。呼伦贝尔市土地开发强度为 0.85%，土地开发强度较低，但是按照旗县来看，扎赉诺尔区为 14.46%，满洲里市为 14.31%，海拉尔区为 7.79%，开发强度较高，是呼伦贝尔市城镇化建设较发达的区域。呼伦贝尔市各旗县土地开发强度分布如图 6-7 所示。

b 垦殖指数

垦殖指数是衡量一个地区土地资源开发利用程度的重要指标。经计算，呼伦贝尔市的垦殖指数为 8.96%，这是由于呼伦贝尔市土地利用类型主要是林地和草地，耕地面积比例相对较小，因此，垦殖指数相对较低。呼伦贝尔市各旗县垦殖指数分布如图 6-8 所示。

图例
国界
省级界、未定省级界
地级界
呼伦贝尔市

研究区位置

行政区名称	代码
海拉尔区	1
扎赉诺尔区	2
阿荣旗	3
莫力达瓦达斡尔族自治旗	4
鄂伦春自治旗	5
鄂温克族自治旗	6
陈巴尔虎旗	7
新巴尔虎左旗	8
新巴尔虎右旗	9
满洲里市	10
牙克石市	11
扎兰屯市	12
额尔古纳市	13
根河市	14

图例
土地开发强度
国界
省级界
地级界
县级界
0.0156~0.0220
0.0220~0.0274
0.0274~0.0361
0.0361~0.0497
0.0497~0.0639

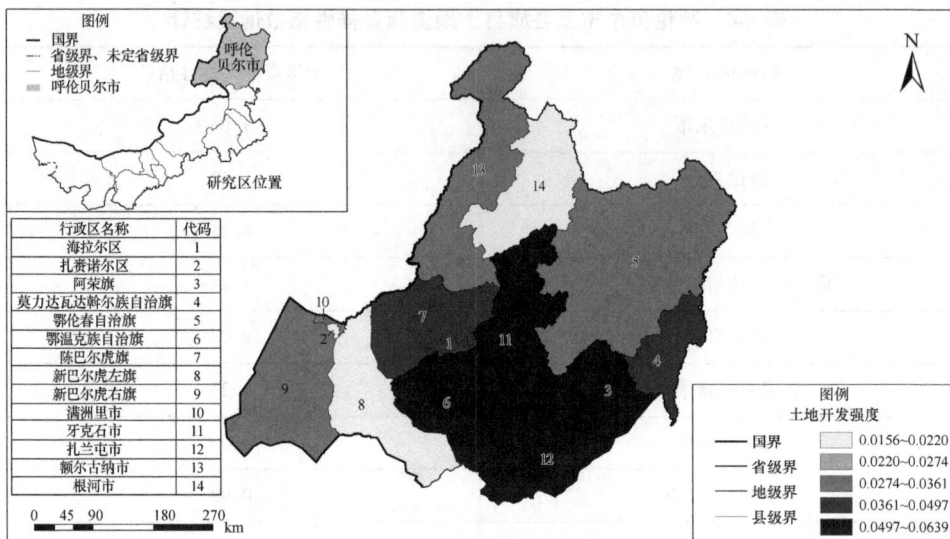

图 6-7 呼伦贝尔市各旗县（市、区）土地开发强度分布图

图 6-7 彩图

图例
国界
省级界、未定省级界
地级界
呼伦贝尔市

研究区位置

行政区名称	代码
海拉尔区	1
扎赉诺尔区	2
阿荣旗	3
莫力达瓦达斡尔族自治旗	4
鄂伦春自治旗	5
鄂温克族自治旗	6
陈巴尔虎旗	7
新巴尔虎左旗	8
新巴尔虎右旗	9
满洲里市	10
牙克石市	11
扎兰屯市	12
额尔古纳市	13
根河市	14

图例
垦殖指数
国界
省级界
地级界
县级界
0.0000~0.0113
0.0113~0.4455
0.4455~0.9342
0.9342~1.4963
1.4963~2.4810

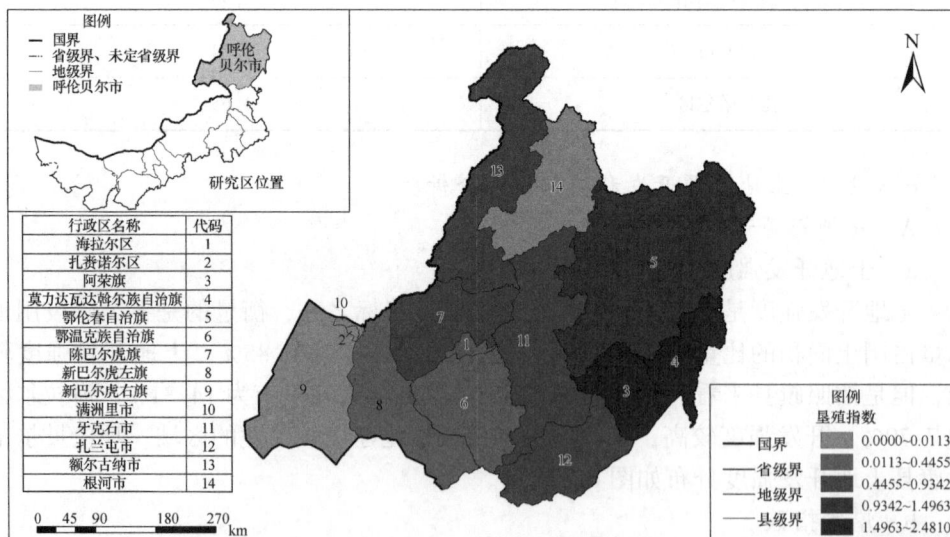

图 6-8 呼伦贝尔市各旗县（市、区）垦殖指数分布图

图 6-8 彩图

c 永久基本农田面积比例

呼伦贝尔市永久基本农田比例为 66.35%，其中，扎兰屯市、额尔古纳市、阿荣旗永久基本农田面积比例较大，其他旗县均未超过 70%。各旗县永久基本农田面积比例分布如图 6-9 所示。

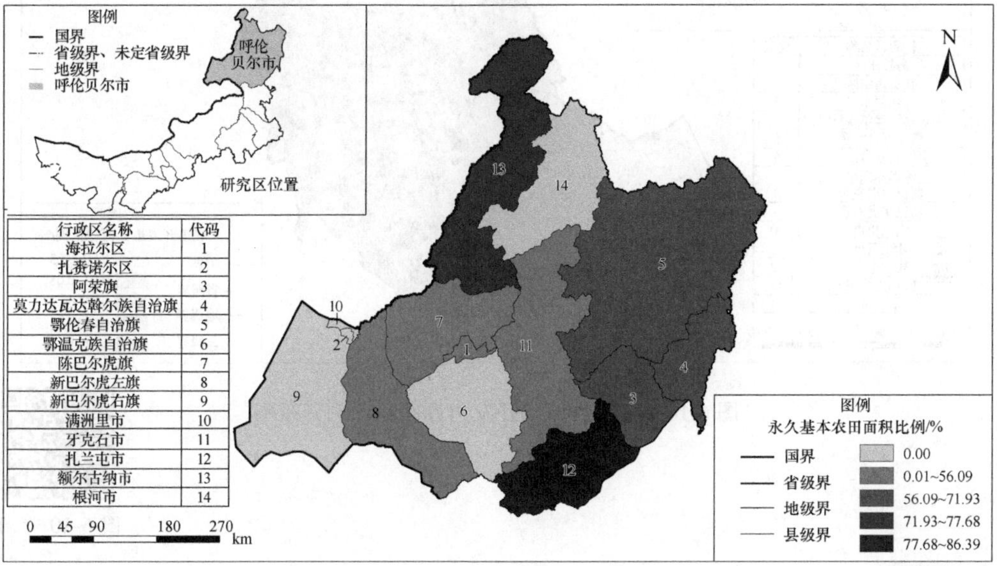

图 6-9 各旗县永久基本农田面积比例分布图

图 6-9 彩图

d 城镇开发边界面积比例

根据《内蒙古自治区国土空间规划》初步成果，呼伦贝尔市城镇开发边界面积比例为 0.18%，其中，盟市政府所在地海拉尔市与计划单列市满洲里市城镇开发边界面积比例较大，分别为 7.23% 和 10.20%，其他旗县（市、区）城镇开发边界面积比例均较低。各旗县城镇开发边界面积比例分布如图 6-10 所示。

e 水资源开发利用率和用水总量

根据呼伦贝尔市 2018 年统计年鉴数据，呼伦贝尔市用水总量为 11.16 亿立方米，水资源开发利用率为 3.53%，城镇化建设发展较快的满洲里市和海拉尔市的水资源开发利用率明显高于其他旗县（市、区）。各旗县水资源总量分布和水资源开发利用率分布如图 6-11 和图 6-12 所示。土地资源开发强度见表 6-5。

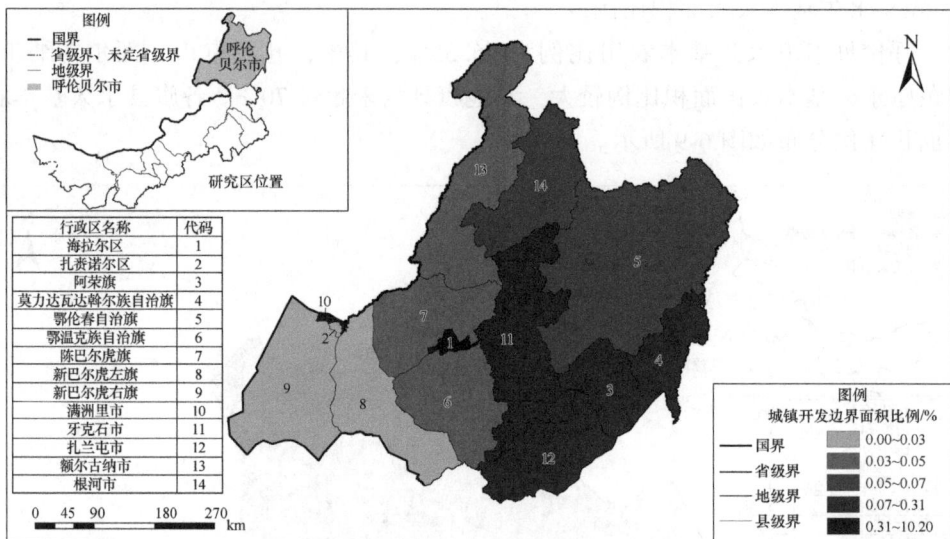

图 6-10 各旗县城镇开发边界面积比例分布图

图 6-10 彩图

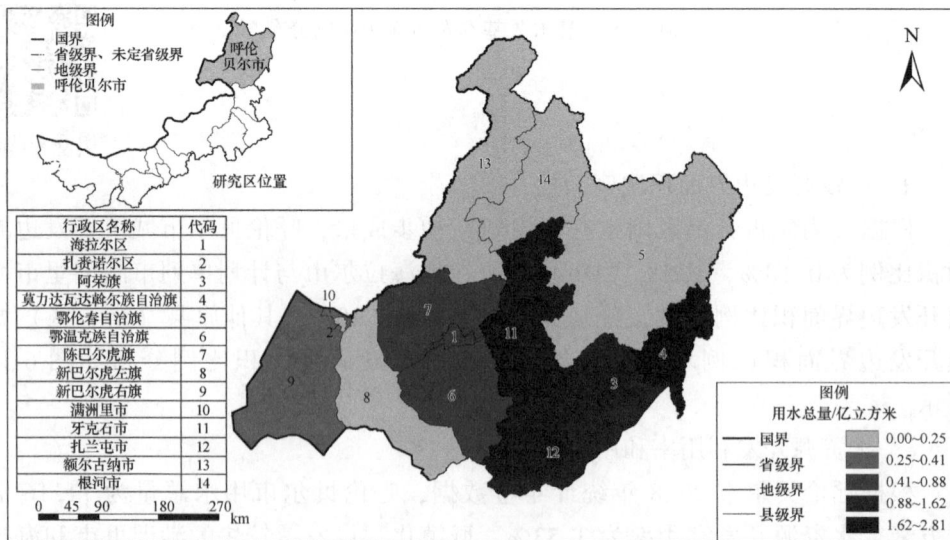

图 6-11 呼伦贝尔市各旗县（市、区）用水总量分布图

图 6-11 彩图

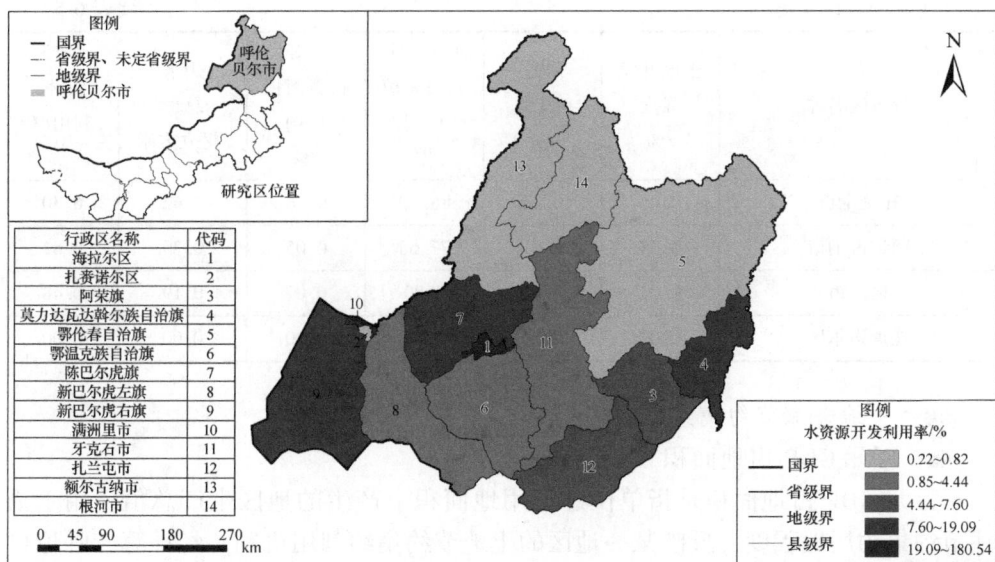

图 6-12 呼伦贝尔市各旗县（市、区）水资源开发利用率分布图

图 6-12 彩图

表 6-5 呼伦贝尔市及各旗县土地资源开发强度统计

行政区名称	土地开发强度/%	垦殖指数/%	永久基本农田面积比例/%	城镇开发边界面积比例/%	用水总量/亿立方米	水资源开发利用率/%
呼伦贝尔市	0.53	8.96	66.35	0.18	11.16	3.53
海拉尔区	0.04	0.15	56.09	7.23	0.88	96.68
阿荣旗	0.06	1.50	71.93	0.31	1.44	7.60
莫力达瓦达斡尔族自治旗	0.04	2.48	67.91	0.28	2.81	19.09
鄂伦春自治旗	0.03	1.39	67.44	0.25	0.25	0.22
鄂温克族自治旗	0.05	0.28	0.00	0.04	0.66	4.44
陈巴尔虎旗	0.04	0.45	55.11	0.04	0.77	13.78
新巴尔虎左旗	0.02	0.19	35.29	0.03	0.25	3.51
新巴尔虎右旗	0.03	0.01	0.00	0.03	0.36	13.01
满洲里市	0.03	0.01	0.00	10.20	0.41	180.54
牙克石市	0.06	0.75	55.50	0.22	1.28	3.00

行政区名称	土地开发强度/%	垦殖指数/%	永久基本农田面积比例/%	城镇开发边界面积比例/%	用水总量/亿立方米	水资源开发利用率/%
扎兰屯市	0.06	0.93	86.39	0.26	1.62	6.30
额尔古纳市	0.03	0.81	77.68	0.05	0.25	0.82
根河市	0.02	0.01	0.00	0.07	0.19	0.48
扎赉诺尔区	0.02	0.00	0.00	0.00	0.00	0.00

B 土地资源节约集约程度

a 万元 GDP 占地面积

万元 GDP 占地面积是指单位建设用地面积上产生的地区生产总值，用于描述节约集约用地程度，反映某一地区的土地节约集约利用机制。经计算，呼伦贝尔市的万元 GDP 占地面积为 91.90 m^2，其中，海拉尔市、满洲里市城镇化建设发展较快的区域集约程度较高，其他旗县（市、区）土地节约集约程度有待进一步提高。呼伦贝尔市万元 GDP 占地面积分布如图 6-13 所示。

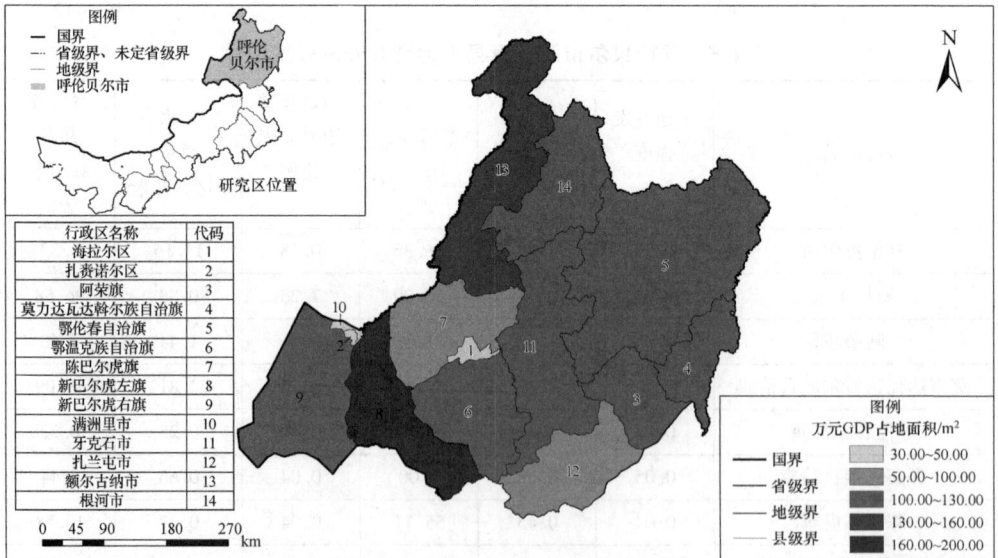

图 6-13 呼伦贝尔市万元 GDP 占地面积分布图

图 6-13 彩图

b 单位固定资产投资消耗新增建设用地量

单位固定资产投资消耗新增建设用地量是指单位固定资产投资增长所消耗的新增建设用地量。经计算，呼伦贝尔市单位固定资产投资消耗新增建设用地量为88.92公顷/亿元，与万元GDP占地面积相似，土地利用节约集约程度越高的地区，单位固定资产投资消耗新增建设用地量越小。呼伦贝尔市单位固定资产投资消耗新增建设用地量如图6-14所示。

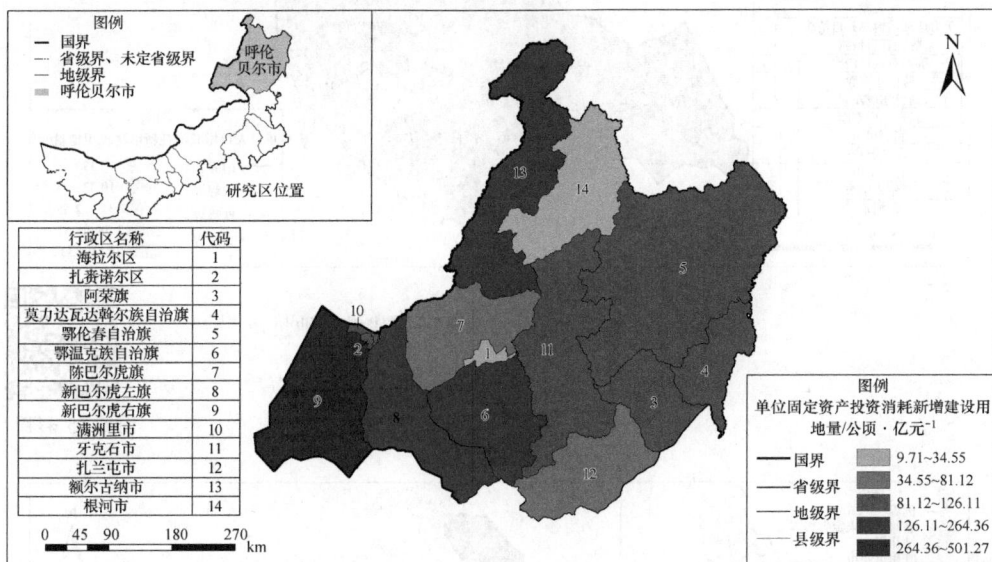

图6-14 单位固定资产投资消耗新增建设用地量

图6-14 彩图

c 单位人口增长消耗新增建设用地量

单位人口增长消耗新增建设用地量是单位人口增加所消耗的新增建设用地量。由于部分旗县（市、区）近几年人口增长率为负，因此，此项指标得出的结果为负值，并不能反映区域单位人口增长消耗新增建设用地量的实际情况。呼伦贝尔市单位人口增长消耗新增建设用地量如图6-15所示。

d 空闲地占比

空闲地占比是指某一地区城乡空闲地面积占城乡建设用地的面积比例，是衡量某一地区土地开发情况的指标。根据第三次国土调查初步成果数据，经计算呼伦贝尔市空闲地占比为0.415%，空闲地比例并不高。呼伦贝尔市空闲地占比分布如图6-16所示。

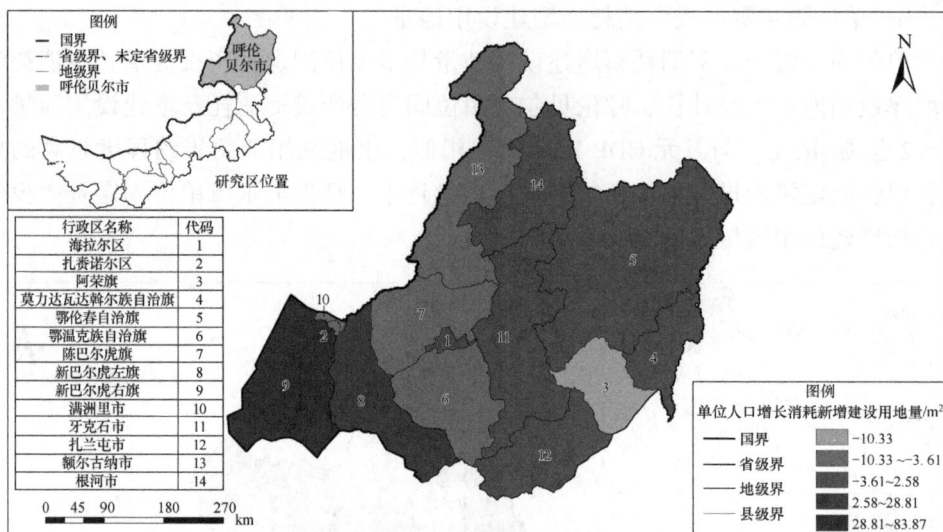

图 6-15 单位人口增长消耗新增建设用地量

图 6-15 彩图

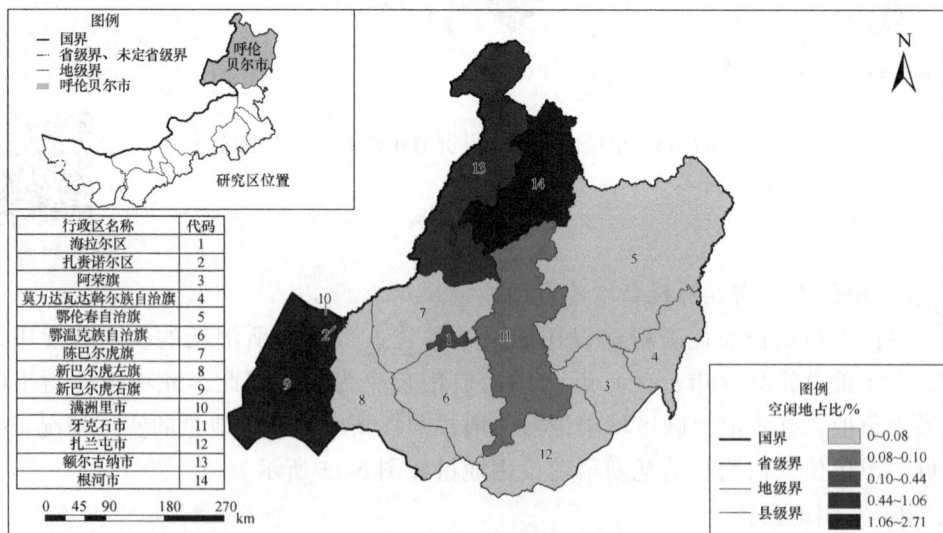

图 6-16 呼伦贝尔市空闲地占比分布图

图 6-16 彩图

e 绿色矿山数量

呼伦贝尔市绿色矿山数量为 7 个。

f 万元 GDP 用水量

万元 GDP 用水量是指每万元产出 GDP 消耗的水量。呼伦贝尔市万元 GDP 用水量为 51.36 m³，其中，阿荣旗、莫力达瓦达斡尔族自治旗万元 GDP 用水量较大，分别为 139.30 m³ 和 296.74 m³。呼伦贝尔市万元 GDP 用水量分布如图 6-17 所示。

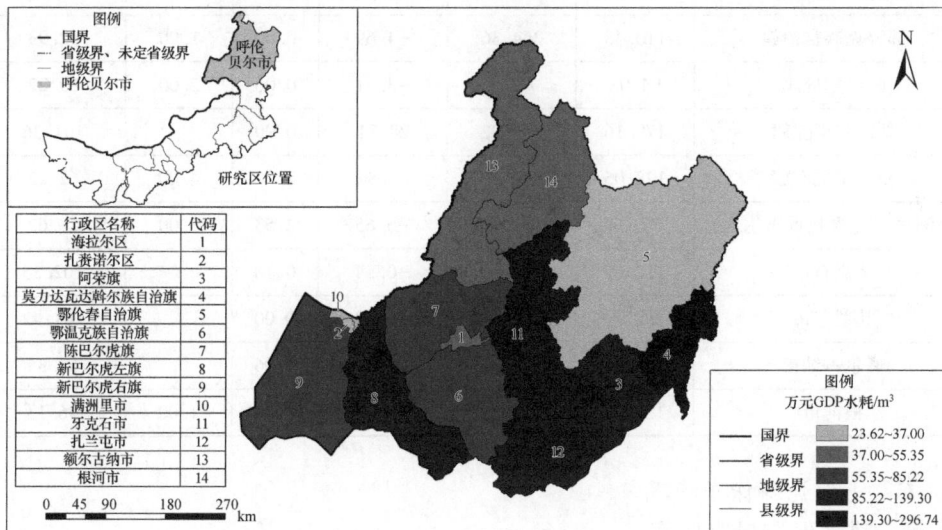

图 6-17 呼伦贝尔市万元 GDP 用水量分布图

图 6-17 彩图

呼伦贝尔市及各旗县土地资源节约集约程度统计见表 6-6。

表 6-6 呼伦贝尔市及各旗县土地资源节约集约程度统计

行政区名称	万元 GDP 占地面积 /m²	单位固定资产投资消耗新增建设用地量 /m²	单位人口增长消耗新增建设用地量 /m²	空闲地占比 /%	绿色矿山数量 /个	万元 GDP 水耗 /m³·万元⁻¹
呼伦贝尔市	91.90	88.92	-2.45	0.41	9.00	120.37
海拉尔区	49.99	34.55	1.21	0.44		45.52
阿荣旗	128.78	109.81	-10.33	0.01		139.30
莫力达瓦达斡尔族自治旗	109.55	124.59	2.58	0.00		296.74

行政区名称	万元 GDP 占地面积 /m²	单位固定资产投资消耗新增建设用地量 /m²	单位人口增长消耗新增建设用地量 /m²	空闲地占比 /%	绿色矿山数量 /个	万元 GDP 水耗 /m³·万元⁻¹
鄂伦春自治旗	112.68	126.11	-0.65	0.06		37.00
鄂温克族自治旗	110.48	264.36	-4.69	0.00	1.00	62.93
陈巴尔虎旗	94.08	71.24	-3.61	0.06	2.00	85.22
新巴尔虎左旗	179.16	258.92	28.81	0.00		101.36
新巴尔虎右旗	128.05	501.27	83.87	2.20	4.00	62.22
满洲里市（含扎赉诺尔区）	37.02	111.99	-6.65	2.53	1.00	23.62
牙克石市	112.69	114.90	-0.54	0.10		102.33
扎兰屯市	94.11	81.12	-0.82	0.00		101.42
额尔古纳市	141.04	192.43	-5.61	1.06		55.35
根河市	128.44	9.71	-0.31	2.71	1.00	46.13

C 土地资源保护状况

a 耕地保有量完成率

耕地保有量完成率是衡量区域耕地保护情况的指标，按照《全国土地资源调查监测数据综合分析评价指标体系》，耕地保有量完成率=（实际土地整理、复垦等增加的耕地面积-实际退耕还林还草等减少的耕地面积)/计划增加的耕地面积×100%，由于上式中部分数据难以获取，因此，本研究将耕地保有量完成率的计算方法进行了调整，即耕地保有量完成率=现状耕地面积/耕地保有量目标面积×100%。根据呼伦贝尔市土地利用总体规划（2006~2020 年）中呼伦贝尔市2020 年耕地保有量目标，计算得出耕地保有量完成率为123%，其中，鄂温克自治旗耕地保有量完成率最高，现有耕地面积是耕地保有量目标的 7 倍，鄂伦春自治旗耕地保有量完成率最低，为93%。整体而言，呼伦贝尔市耕地保护情况良好。呼伦贝尔市耕地保有量完成率分布如图 6-18 所示。

b 生态保护红线面积比例

生态保护红线面积占比是衡量区域受保护面积比例情况，根据《内蒙古生态红线划定》初步成果，呼伦贝尔市生态保护红线面积比例为 39.61%，根河市达到了80%以上，生态保护形势良好。呼伦贝尔市生态红线划定比例分布如图 6-19 所示。

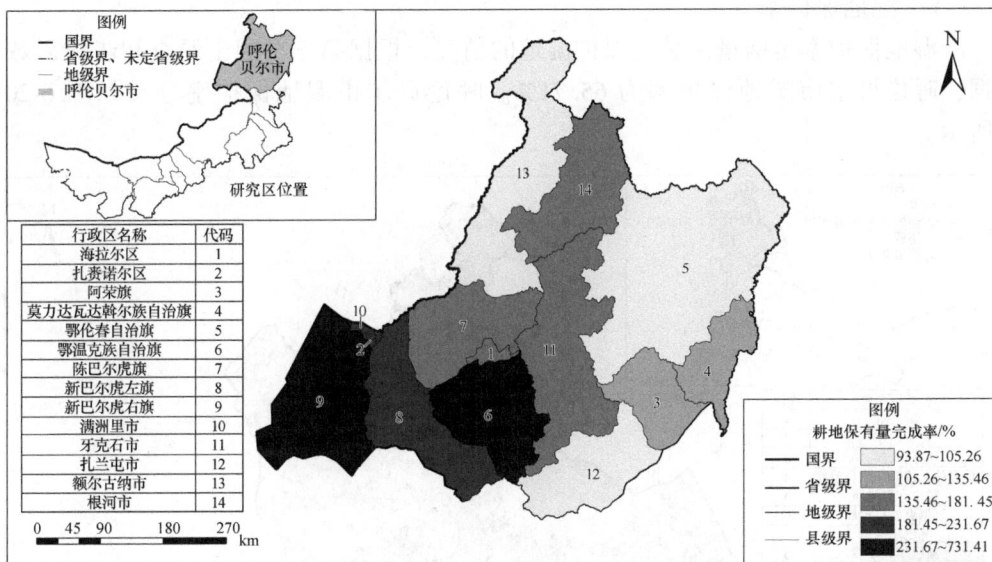

图 6-18 呼伦贝尔市耕地保有量完成率分布图

图 6-18 彩图

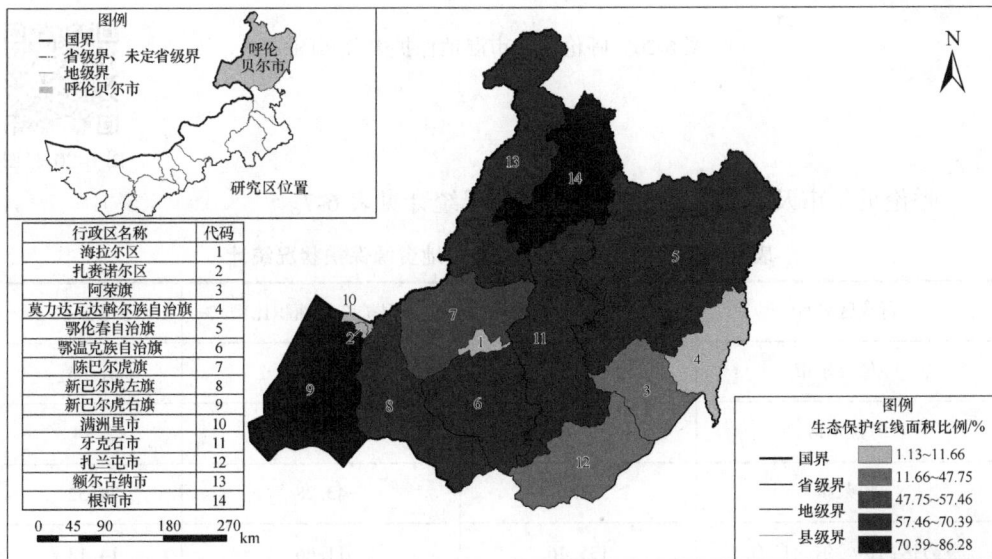

图 6-19 呼伦贝尔市生态红线划定比例分布图

图 6-19 彩图

c 湿地保护率

湿地保护率是衡量区域受保护湿地的情况，根据第三次国土调查初步成果数据，呼伦贝尔市湿地保护率为 65.71%。呼伦贝尔市湿地保护率分布如图 6-20 所示。

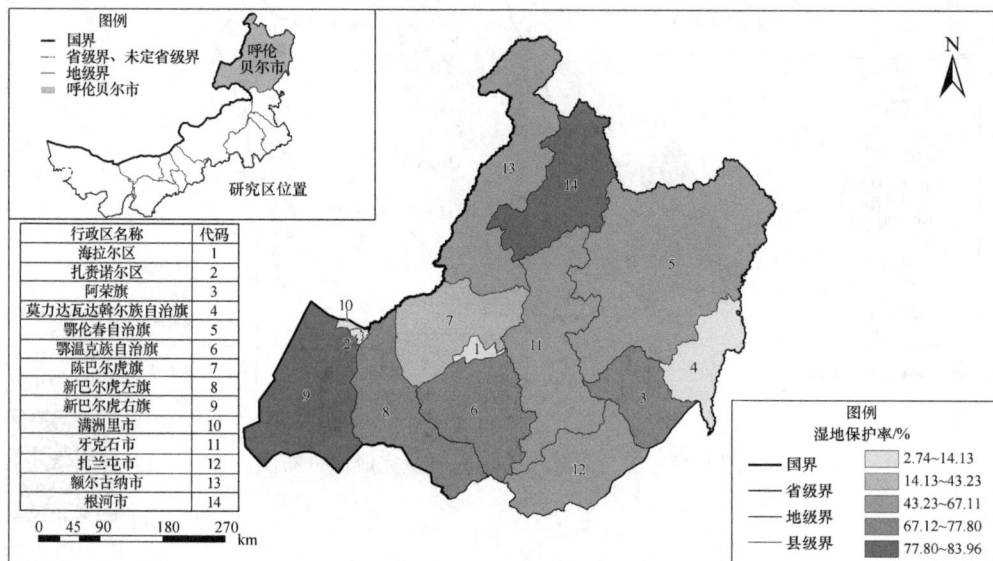

图 6-20 呼伦贝尔市湿地保护率分布图

图 6-20 彩图

呼伦贝尔市及各旗县土地资源保护状况统计见表 6-7。

表 6-7 呼伦贝尔市及各旗县土地资源保护状况统计

行政区名称	耕地保有量完成率/%	生态保护红线面积比例/%	湿地保护率/%
呼伦贝尔市	123.12	39.61	61.06
海拉尔区	162.27	8.73	2.74
阿荣旗	113.67	43.28	74.52
莫力达瓦达斡尔族自治旗	135.46	11.66	14.13
鄂伦春自治旗	93.87	67.33	63.73
鄂温克族自治旗	731.41	65.42	77.80

行政区名称	耕地保有量完成率/%	生态保护红线面积比例/%	湿地保护率/%
陈巴尔虎旗	181.45	57.46	43.23
新巴尔虎左旗	231.67	63.30	71.78
新巴尔虎右旗	657.08	82.45	83.96
满洲里市（含扎赉诺尔区）	224.91	1.13	5.92
牙克石市	147.34	70.39	67.11
扎兰屯市	103.76	47.75	60.39
额尔古纳市	105.26	65.40	62.91
根河市	148.78	86.28	83.73

6.3.2.3 土地资源协调协同情况分析

A 土地资源与经济社会发展协调性

土地资源与经济社会发展协调性是衡量区域人均资源禀赋的指标。经计算，人均耕地面积为 0.81 公顷/人，人均建设用地面积为 9.10 公顷/人，人均住宅用地面积为 0.02 公顷/人，国土开发强度变异系数为 26%，人均水资源量为 12259.33 m^3/人。呼伦贝尔市及各旗县土地资源与经济社会发展协调性统计见表 6-8。

表 6-8 呼伦贝尔市及各旗县土地资源与经济社会发展协调性统计

行政区名称	人均耕地面积/公顷·人$^{-1}$	人均建设用地面积/公顷·人$^{-1}$	人均住宅用地面积/公顷·人$^{-1}$	国土开发强度变异系数/%	人均水资源量/m^3·人$^{-1}$
呼伦贝尔市	0.82	0.0479	0.0151	26	12259.33
海拉尔区	0.13	0.0338	0.0087		318.32
阿荣旗	1.10	0.0416	0.0225		5917.44
莫力达瓦达斡尔族自治旗	1.82	0.0324	0.0141	—	4598.92
鄂伦春自治旗	1.29	0.0299	0.0137		45102.11

续表6-8

行政区名称	人均耕地面积 /公顷·人⁻¹	人均建设用地面积 /公顷·人⁻¹	人均住宅用地面积 /公顷·人⁻¹	国土开发强度变异系数/%	人均水资源量 /m³·人⁻¹
鄂温克族自治旗	0.48	0.0841	0.0149		10779.78
陈巴尔虎旗	1.87	0.1515	0.0163		9959.92
新巴尔虎左旗	1.06	0.1032	0.024		16623.69
新巴尔虎右旗	0.06	0.2118	0.0127		7911.99
满洲里市 （含扎赉诺尔区）	0.03	0.0753	0.012	—	266.05
牙克石市	0.53	0.0426	0.0097		12891.22
扎兰屯市	0.54	0.0367	0.208		6274.53
额尔古纳市	2.35	0.0790	0.0219		37719.59
根河市	0.02	0.0376	0.0067		28097.57

B 土地资源的区域协调性

区域协调性指标是衡量全市资源占全自治区资源总量的比值。其中，耕地面积占全区耕地面积比例为19.76%，森林面积占比为47.31%，草原面积占比为12.42%，水资源量占全区水资源量比例为57.30%，湿地面积占比为70.22%。呼伦贝尔市及各旗县土地资源的区域协调性统计见表6-9。

表6-9 呼伦贝尔市及各旗县土地资源的区域协调性统计

行政区名称	耕地面积占全市耕地面积比例/%	森林面积占全市森林面积比例/%	草原面积占全市草原面积比例/%	水资源量占全市水资源量比例/%	湿地面积占全市湿地面积比例/%
呼伦贝尔市	100.0000	100.0000	100.0000	100.0000	100.0000
海拉尔区	1.7234	0.1451	0.7207	0.2863	0.7690
阿荣旗	16.6916	4.7360	1.0006	5.9993	3.3301
莫力达瓦达斡尔族自治旗	27.6778	1.7663	1.9697	4.6590	3.8481
鄂伦春自治旗	15.5141	23.1581	0.0930	35.9621	20.1342
鄂温克族自治旗	3.1545	5.5236	13.2838	4.7277	7.4111
陈巴尔虎旗	4.9699	1.1094	18.8734	1.7626	6.9944

行政区名称	耕地面积占全市耕地面积比例/%	森林面积占全市森林面积比例/%	草原面积占全市草原面积比例/%	水资源量占全市水资源量比例/%	湿地面积占全市湿地面积比例/%
新巴尔虎左旗	2.1302	2.0377	21.8966	2.2164	7.2021
新巴尔虎右旗	0.1002	0.0290	31.7992	0.8806	3.3688
满洲里市（含扎赉诺尔区）	0.1136	0.0281	0.3904	0.0718	0.2564
牙克石市	8.3316	17.9161	1.8446	13.4991	19.0781
扎兰屯市	10.4219	9.2087	2.3822	8.1172	4.3818
额尔古纳市	9.0073	18.0646	5.4306	9.6199	8.9544
根河市	0.1261	16.2773	0.0229	12.1981	14.2638

6.3.2.4 土地资源响应情况分析

A 重要政策及重大工程实施响应

呼伦贝尔市 2018 年退耕还林还草面积为 50120.28 公顷，农用地整治面积为 929.45 公顷。内蒙古近年来实施的退耕还林还草工程、矿山恢复治理、城乡用地增减挂钩、生态建设等政策，对于退耕还林还草、农用地整治等起到了良好的作用。呼伦贝尔市及各旗县重要政策及重大工程实施响应统计见表 6-10。

表 6-10 呼伦贝尔市及各旗县重要政策及重大工程实施响应统计

行政区名称	农用地整治面积/公顷	退耕还林还草面积/公顷
呼伦贝尔市	50120.28	929.45
扎兰屯市	10031.82	167.76
扎赉诺尔市	0.00	0.00
牙克石市	4243.80	0.00
新巴尔虎左旗	1096.75	0.00
新巴尔虎右旗	0.00	0.00
莫力达瓦达斡尔族自治旗	14985.58	103.63
满洲里市（含扎赉诺尔区）	0.00	0.00
海拉尔区	2886.08	0.00
根河市	90.43	0.00

行政区名称	农用地整治面积/公顷	退耕还林还草面积/公顷
鄂温克族自治旗	0.00	0.00
鄂伦春自治旗	8929.38	547.33
额尔古纳市	4945.42	0.00
陈巴尔虎旗	0.00	0.00
阿荣旗	2911.02	110.73

B　自然社会经济反映

耕地非粮化率是衡量区域耕地实际利用情况的主要指标，根据第三次国土调查初步成果数据，呼伦贝尔市耕地非粮化率为 7.29%，整体情况较好，说明呼伦贝尔市的耕地实际利用情况比较充分。但是，额尔古纳市、满洲里市耕地非粮化率达到了 50% 以上，耕地保护工作有待进一步加强。

呼伦贝尔市 2018~2019 年度耕地净变化量为 50328.09 公顷，主要增加来源为土地整治、补充耕地等，主要增长旗县为阿荣旗、莫力达瓦旗和扎兰屯市。

呼伦贝尔市及各旗县自然社会经济反映统计见表 6-11。

表 6-11　呼伦贝尔市及各旗县自然社会经济反映统计

行政区名称	年度耕地净变化量/公顷	耕地非粮化率/%
呼伦贝尔市	50328.09	7.29
扎兰屯市	10756.02	1.26
扎赉诺尔市	44.66	28.06
牙克石市	-66.42	2.31
新巴尔虎左旗	18.21	39.37
新巴尔虎右旗	17.91	6.84
莫力达瓦达斡尔族自治旗	23071.30	1.26
满洲里市	-73.32	77.43
海拉尔区	131.19	6.85
根河市	4.48	0.28
鄂温克族自治旗	-33.37	1.90
鄂伦春自治旗	127.37	0.20
额尔古纳市	-322.73	59.00
陈巴尔虎旗	-317.76	2.94
阿荣旗	16970.55	1.85

6.3.3 单指标时间序列分析

耕地、林地、草地作为呼伦贝尔市主要的三种土地利用类型，对呼伦贝尔市土地资源利用、开发、保护及社会经济发展具有重要影响。本研究将耕地、林地、草地作为重要单项指标，以 2009~2019 年为时间序列，研究耕地、林地、草地的变化情况。

6.3.3.1 耕地变化情况

根据历年土地调查变更结果，呼伦贝尔市 2009~2019 年耕地面积见表 6-12。

表 6-12 呼伦贝尔市 2009~2019 年耕地面积统计

年份	耕地面积/公顷
2009	1776252.97
2010	1776099.21
2011	1779344.43
2012	1781216.57
2013	1784293.07
2014	1787147.52
2015	1786464.91
2016	1788210.86
2017	1788558.14
2018	1788377.56
2019	2205344.45

呼伦贝尔市 2009~2018 年耕地面积变化趋势如图 6-21 所示。

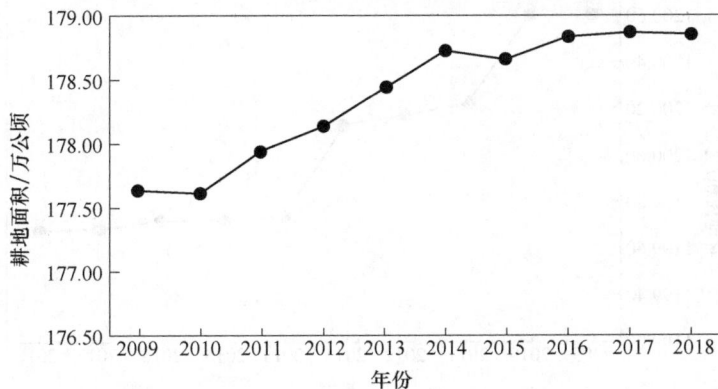

图 6-21 呼伦贝尔市 2009~2018 年耕地面积变化趋势

2009~2019 期间，全市耕地面积整体呈波动增加趋势，耕地总量净增加了 429091.48 公顷，年均增加 39008.32 公顷。从各旗县变化来看，除新巴尔虎左旗减少了 35585.57 公顷外，其余 11 个旗县耕地面积均有所增加，增加面积最多的旗县是莫力达瓦达斡尔族自治旗，增加了 106864.39 公顷。2015 年新巴尔虎左旗耕地面积比 2014 年减少了 53607.98 公顷。牙克石市 2011 年比 2010 年增加了 3709.30 公顷，2013 年比 2012 年增加了 2953.91 公顷，2014 年比 2013 年增加了 3862.32 公顷。

6.3.3.2　林地变化情况

根据历年土地调查变更结果，呼伦贝尔市 2009~2019 年林地面积见表 6-13。

表 6-13　呼伦贝尔市 2009~2019 年林地面积统计

年份	林地面积/公顷
2009	12005914.39
2010	12005881.95
2011	12002109.40
2012	12001672.51
2013	12001244.69
2014	11997334.34
2015	11997183.70
2016	11997136.30
2017	11996802.64
2018	11996711.06
2019	11298382.71

呼伦贝尔市 2009~2018 年林地面积变化趋势如图 6-22 所示。

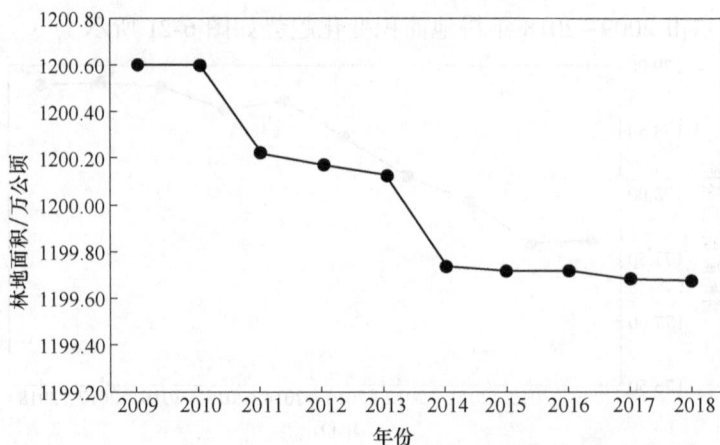

图 6-22　呼伦贝尔市 2009~2018 年林地面积变化趋势

2009~2019 年间，呼伦贝尔市林地呈现逐年减少趋势，林地总量净减少了707531.68 公顷。其中，2011 年和 2014 年变化量最大，2011 年较 2010 年减少3772.55 公顷，2014 年较 2013 年减少 3910.35 公顷。从各旗县情况来看，除陈巴尔虎旗、满洲里市及扎兰屯市林地面积有所增加外，其余各旗县林地面积均有减少，这与耕地变化情况基本相反。

6.3.3.3 牧草地变化情况

根据历年土地调查变更结果，呼伦贝尔市 2009~2019 年牧草地面积见表6-14。

表 6-14 呼伦贝尔市 2009~2019 年牧草地面积统计

年份	牧草地面积/公顷
2009	8052846.18
2010	8050686.59
2011	8049035.70
2012	8044465.07
2013	8040030.56
2014	8037230.52
2015	8016561.74
2016	8030919.35
2017	8029114.39
2018	8028632.16
2019	6643258.97

呼伦贝尔市 2009~2018 年牧草地面积变化趋势如图 6-23 所示。

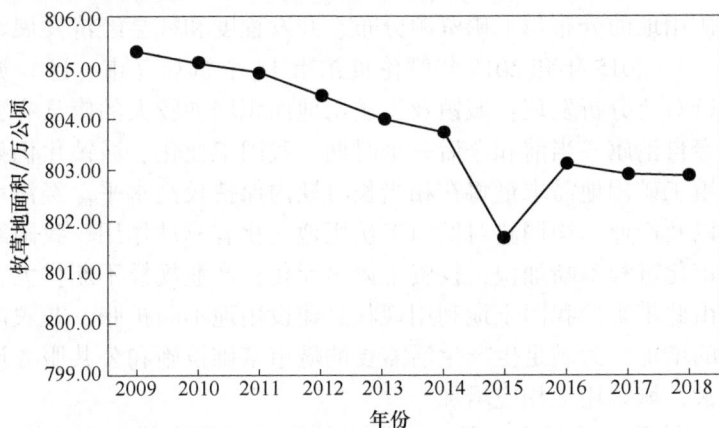

图 6-23 呼伦贝尔市 2009~2018 年牧草地面积变化趋势

与林地情况相似，2009~2019年间，呼伦贝尔市牧草地呈逐年减少趋势，总量净减少1409587.21公顷。其中2015年和2016年变化量最大，2015年较2014年减少20668.78公顷，2016年较2015年增加了14357.61公顷。从各旗县情况来看，仅新巴尔虎左旗牧草地面积有所增加，其余各旗县面积均减少。

6.3.4　单指标空间序列分析

空间序列分析旨在通过指标空间变化反映一定时期土地利用变化情况。本研究选取了城镇用地、村庄、湿地三项指标，采用2010年、2015年和2019年土地利用现状调查数据分析其在空间上的变化规律。

6.3.4.1　城镇及工矿用地空间变化及原因分析

A　空间变化趋势

2015年城镇和工矿用地面积与2010年相比，海拉尔区、阿荣旗、莫力达瓦达斡尔族自治旗、鄂温克自治旗、陈巴尔虎旗、新巴尔虎右旗、新巴尔虎左旗、牙克石市、额尔古纳市、扎兰屯市、根河市都出现了增加趋势，鄂温克自治旗城镇和工矿用地面积增加量最大，新巴尔虎左旗增加量最小；鄂伦春自治旗、满洲里市、扎赉诺尔区都出现了减少趋势，鄂伦春自治旗城镇和工矿用地面积减少量（减少幅度）最大，扎赉诺尔区减少量最小。2015年城镇和工矿用地面积与2019年相比，阿荣旗、鄂伦春自治旗、陈巴尔虎旗、新巴尔虎右旗、扎兰屯市、额尔古纳市出现了增加趋势，鄂伦春自治旗城镇和工矿用地面积增加量最大，阿荣旗增加量最小；海拉尔区、莫力达瓦达斡尔族自治旗、鄂温克自治旗、新巴尔虎左旗、满洲里市、牙克石市、根河市、扎赉诺尔区都出现了减少趋势，满洲里市城镇和工矿用地面积减少量最大，鄂温克自治旗城镇和工矿用地面积减少量最小。

B　变化原因分析

城镇工矿用地的分布与工矿资源分布、开发程度和社会经济发展水平密切相关。对2010年、2015年和2019年呼伦贝尔市14个旗县（市、区）城镇及工矿用地面积进行对比分析发现：城镇及工矿用地面积增加较大的旗县有鄂温克族自治旗、鄂伦春自治旗。当前和今后一个时期，我国工业化、城镇化仍处于快速发展阶段，城镇工矿用地需求量将在相当长时期内保持较高水平。经济增长、城市化、工业化以及产业结构调整对城镇工矿用地变化有驱动作用。我国经济社会快速发展，城市化进程不断加快，投资主体多元化，产业规模不断扩大，产业结构不断调整，由此带来的我国土地利用现状是建设用地不断扩张。非农产业规模的扩大，人口的增加，为满足生产生活需要的城市基础设施和公共服务设施的建设规模不断扩大，城镇用地相应增加。

2015年城镇及工矿用地面积减少最大的旗县是鄂旗伦春自治旗，2019年减少最大的是满洲里市。按照中央提出的严控增量、盘活存量、优化结构、提升效率，切实提高城镇建设用地集约化程度的总要求，城镇建设面临严格的土地指标限制；特殊的自然环境条件，都造成建设用地规模普遍较低。

城镇及工矿用地变化见表6-15。

表6-15 城镇及工矿用地变化 （公顷）

行政区名称	2010 年	2015 年	2010~2015 年变化量	2019 年	2015~2019 年变化量
海拉尔区	7939. 87	8371. 62	431. 75	5911. 17	−2460. 45
阿荣旗	3964. 43	4068. 95	104. 52	4176. 03	107. 08
莫力达瓦达斡尔族自治旗	3818. 35	4016. 47	198. 12	2851. 33	−1165. 14
鄂伦春自治旗	6127. 08	738. 24	−5388. 84	4894. 86	4156. 62
鄂温克族自治旗	7442. 69	8458. 48	1015. 79	7904. 25	−554. 23
陈巴尔虎旗	4618. 78	4755. 37	136. 59	5107. 25	351. 88
新巴尔虎左旗	2075. 29	2136. 3	61. 01	1432. 35	−703. 95
新巴尔虎右旗	2694. 7	3059. 69	364. 99	3320. 82	261. 13
满洲里市	8221. 43	5308. 17	−2913. 26	3619. 72	−1688. 45
牙克石市	9523. 98	10066. 81	542. 83	6564. 93	−3501. 88
扎兰屯市	4966. 58	5622. 61	656. 03	6665. 72	1043. 11
额尔古纳市	2967. 86	3047. 81	79. 95	3394. 61	346. 8
根河市	3592. 75	4226. 42	633. 67	1835. 58	−2390. 84
扎赉诺尔区	3667. 14	3496. 86	−170. 28	2939. 15	−557. 71

6.3.4.2 村庄用地空间变化及原因分析

A 空间变化趋势

2015 年村庄用地面积与 2010 年相比，海拉尔区、莫力达瓦自治旗、鄂温克自治旗、陈巴尔虎旗、新巴尔虎右旗、新巴尔虎左旗、牙克石市、额尔古纳市、扎赉诺尔区都出现了增加趋势，陈巴尔虎旗村庄用地面积增加量最大，扎赉诺尔区增加量最小；阿荣旗、鄂伦春自治旗、满洲里市、扎兰屯市、根河市都出现了减少趋势，阿荣旗村庄用地面积减少量（减少幅度）最大，扎兰屯市减少量最小。2019 年村庄用地面积与 2015 年相比，14 个旗县（市、区）都出现了减少趋势，莫力达瓦自治旗村庄用地面积减少量最大，扎赉诺尔区村庄用地面积减少量最小。

B 变化原因分析

村庄用地分布受人口分布、人口密度和社会经济条件的直接影响。对 2010 年、2015 年和 2019 年呼伦贝尔市 14 个旗县（市、区）村庄用地面积进行对比分析发现：2015 年村庄用地面积增加较大的旗县是陈巴尔虎旗。随着农村经济体制改革不断深入，农村经济快速发展，农户收入逐渐增加；与此同时，他们为改变生活环境、提高生活质量而修建住宅的愿望也随之高涨。但受"祖宅"仅能维修、不宜改建的传统风水文化的影响，他们不愿拆掉旧宅基地，而是另选地方再建新房，使得废旧空房多，一户多宅现象普遍。因此村庄用地规模普遍相对较大。

2015 年村庄用地面积减少较大的旗县是阿荣旗。2019 年村庄用地面积减少较大的旗县是莫力达瓦自治旗。现阶段，我国经济社会迅速发展，城镇化进程迅速加快，人口逐渐由农村向城市转移，城市化水平、经济发展水平较高的城镇村庄用地占比较低；近几年农村整治（增减挂钩）项目较多，在农村地区，村庄用地的使用受到了国民经济发展水平、土地利用总体规划、城市规划等多个因素的制约，所辖旗县的耕地资源丰富度多数大于 1，耕地资源紧缺地区为海拉尔区、新巴尔虎右旗、满洲里市、根河市。其中满洲里市与根河市耕地最为紧张，导致村庄用地呈现减少趋势。

村庄用地变化见表 6-16。

表 6-16 村庄用地变化 （公顷）

行政区名称	2010 年	2015 年	2010~2015 年变化量	2019 年	2015~2019 年变化量
海拉尔区	2171.21	2522.88	351.67	0	−2522.88
阿荣旗	40488.67	17705.04	−22783.63	4871.82	−12833.22
莫力达瓦达斡尔族自治旗	20873.25	20995.11	121.86	3091.46	−17903.65
鄂伦春自治旗	8370.07	7520.37	−849.7	0	−7520.37
鄂温克族自治旗	5650.79	5692.39	41.6	667.73	−5024.66
陈巴尔虎旗	3264.64	3906.82	642.18	147.58	−3759.24
新巴尔虎左旗	1912.66	1937.06	24.4	422.37	−1514.69
新巴尔虎右旗	1061.59	1073.93	12.34	54.03	−1019.9
满洲里市	2049.37	1991.03	−58.34	0	−1991.03
牙克石市	3532.36	3693.34	160.98	0	−3693.34
扎兰屯市	15566.89	15562.9	−3.99	4304.52	−11258.38
额尔古纳市	5028.17	5161.77	133.6	0	−5161.77
根河市	2223.66	1053.59	−1170.07	0	−1053.59
扎赉诺尔区	853.35	859.34	5.99		−859.34

6.3.4.3 湿地地空间变化及原因分析

A 空间变化趋势

2015 年湿地面积与 2010 年相比，14 个旗县（市、区）都出现了减少趋势，额尔古纳市湿地减少量最大，牙克石市湿地减少量最小。2019 年湿地面积与 2015 年相比，14 个旗县区都出现了增加趋势，鄂伦春自治旗湿地增加量最大，扎赉诺尔区湿地增加量最小。

B 变化原因分析

对 2010 年、2015 年和 2019 年呼伦贝尔市 14 个旗县（市、区）城镇及工矿用地面积进行对比分析发现：2019 年湿地面积增加最大的旗县是鄂伦春自治旗。二次土地调查分类对湿地没有详细的分类，三次土地调查的湿地包含了红树林地、森林沼泽、灌丛沼泽、沼泽草地、沿海滩涂、内陆滩涂、沼泽地、盐田等 8 个二级地类，因此 2019 年的湿地面积都有所增加。随着近几年对湿地保护意识的提高，生态有所恢复。

2015 年湿地面积减少最大的旗县（市、区）是额尔古纳市。湿地退化的自然因素主要是全球和区域气候变化所造成的影响，全球气候变暖，持续的高温干旱，使降水量降低，蒸发量加大，直接导致了湿地内的水分不断减少，湿地蓄水量显著下降；近年来农业的迅速发展，盲目开垦湿地也是湿地面积大幅度缩减的主要原因。除此之外，大量的人为工程破坏了湿地原有的水文联系，改变了河流的天然水文状况，加重了湿地景观破碎化，湿地生态系统发生退化。随着经济的高速发展，工农业生产规模的不断壮大，工业废水、农药化肥中的残余物及大量生活污水未经处理直接排入到湿地中，造成一系列点、面、源污染问题日趋严重，使呼伦贝尔市湿地水体受损，水质恶化，生态系统结构受到破坏，湿地功能减弱，湿地系统不断退化。

湿地面积变化见表 6-17。

表 6-17 湿地面积变化 （公顷）

行政区名称	2010 年	2015 年	2010~2015 年变化量	2019 年	2015~2019 年变化量
海拉尔区	7064.95	7016.48	−48.47	19012.18	11995.7
阿荣旗	5965	5701.63	−263.37	82335.02	76633.39177
莫力达瓦达斡尔族自治旗	34403.64	34385.82	−17.82	95143.2	60757.38
鄂伦春自治旗	9205.94	9204.3	−1.64	497813.4	488609.08
鄂温克族自治旗	96442.31	96417.31	−25	183238.4	86821.1
陈巴尔虎旗	92328.6	92324.87	−3.73	172935.8	80610.92973

行政区名称	2010 年	2015 年	2010~2015 年变化量	2019 年	2015~2019 年变化量
新巴尔虎左旗	54705.77	54686.19	-19.58	178070.7	123384.51
新巴尔虎右旗	58355.9	58345.7	-10.2	83294.31	24948.61
满洲里市	1379.23	1276.95	-102.28	6340.49	5063.54
牙克石市	1196.41	1195.43	-0.98	471702.8	470507.38
扎兰屯市	22969.17	22912.95	-56.22	108338.9	85425.96
额尔古纳市	105749.86	104677.92	-1071.94	221395.9	116717.9877
根河市	24152.67	24133.45	-19.22	352670.7	328537.28
扎赉诺尔区	112.56	102.02	-10.54	186.37	84.35

6.3.5 多指标专题综合评价

在呼伦贝尔市土地资源调查监测数据调查、收集、统计工作的基础上，依托监测指标体系，分别从土地资源承载力、土地资源开发利用与保护、土地资源协调性三方面开展综合评价分析。借助相关数学模型，指标量化处理，从承载力、开发利用与保护、协调性方面给予定量分析，为地区土地资源管理、合理开发利用提供数据支撑。

6.3.5.1 土地资源承载能力评价分析

从耕地与建设用地两方面考虑，分析评价呼伦贝尔市及各旗县耕地承载能力及土地用地开发强度。

A 耕地资源承载力

耕地资源承载力分析、评价采用耕地资源承载状态指数和区域耕地资源承载潜力系数两个指标表征地区耕地资源的现状丰富度和对人类的供给的潜力。

a 耕地资源承载潜力

根据呼伦贝尔市各旗县耕地面积、产量等参数计算各地区耕地资源可承载人口，利用现状人口与可承载人口比较，计算目前耕地资源人口承载压力程度，进而得到耕地资源人口承载潜力大小。区域耕地资源可承载人口规模利用人均粮食消耗标准值、耕种面积比例和耕地单位面积产量进行计算。R_1 为耕地资源承载潜力系数，该值越小，耕地资源人口承载压力越大，人口承载潜力越小，反之则承载潜力越大。

$$R_1 = 1 - \frac{P}{P_1} \tag{6-2}$$

式中，R_1 为耕地资源承载潜力系数；P 为区域内人口现状；P_1 为现有耕地可承载人口规模。

$$P = S_g LN/V_1 \tag{6-3}$$

式中，S_g 为区域内现有耕地面积；L 为耕地播种面积比例；N 为单位粮食产量；V_1 为人均粮食消耗标准值。

数据来源于内蒙古第三次土地调查数据、呼伦贝尔市统计年鉴等。根据中国历年粮食人均消费量，参考联合国粮农组织公布的人均营养热值标准和中国饮食习惯及相关规划，确定人均粮食消耗标准值为 400 kg/年。$R_1 = 0$ 为界线值，当 $R_1 < 0$ 时，区域内耕地资源处于超载状态，反之则处于允许承载状态。

呼伦贝尔市各旗县耕地承载力情况见表 6-18。

表 6-18 呼伦贝尔市各旗县耕地承载力情况

行政区名称	耕地面积/公顷	农作物播种面积/公顷	单位粮食产量/kg·公顷⁻¹	耕地播种面积比例/%	人口/人	现有耕地承载人数/人	承载潜力系数 R_1
海拉尔区	36244.79	27255.80	3016.80	75.20	284434	205563.24	-0.38
阿荣旗	351048.75	327581.00	5552.80	93.31	320562	4547479.44	0.93
莫力达瓦达斡尔自治旗	582105.47	522693.90	3726.40	89.79	320320	4869416.37	0.93
鄂伦春自治旗	326284.78	312322.00	2310.50	95.72	252113	1804049.95	0.86
鄂温克族自治旗	66344.58	25291.70	2506.40	38.12	138672	158477.79	0.12
陈巴尔虎旗	104524.68	87825.70	1797.60	84.02	55955	394688.70	0.86
新巴尔虎左旗	44801.04	28364.90	722.60	63.31	42156	51241.19	0.18
新巴尔虎右旗	2107.27	2703.20	2065.70	128.28	35190	13960.00	-1.52
满洲里市（含扎赉诺尔区）	3184.27	1110.60	5249.60	0.35	171716	14575.51	-10.78
牙克石市	175225.44	167070.30	3754.30	95.35	331099	1568080.07	0.79
扎兰屯市	219188.78	249687.40	4773.60	113.91	409048	2979769.43	0.86
额尔古纳市	189436.48	198268.30	3624.40	104.66	80640	1796509.07	0.96
根河市	2652.75	2557.00	2322.50	96.39	137269	14846.58	-8.25
呼伦贝尔市	2103149.08	1952731.80	3846.60	92.85	2579174	18778445.35	0.86

各旗县耕地承载潜力系数如图 6-24 所示。

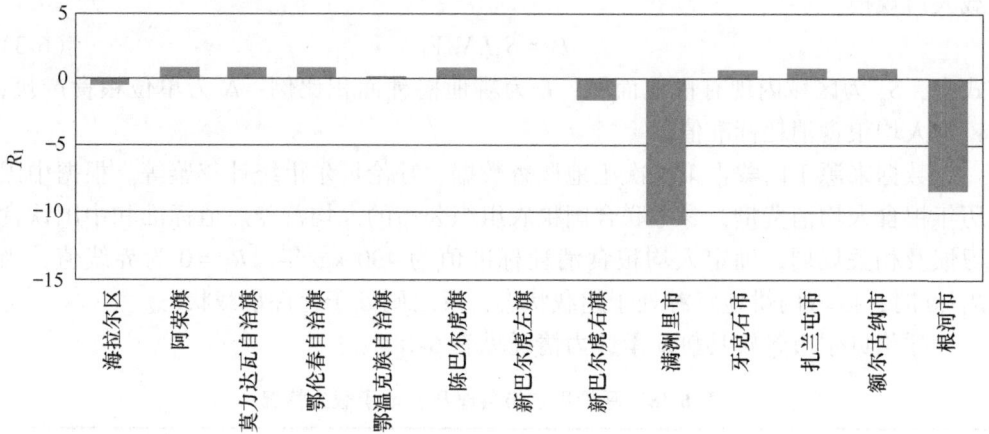

图 6-24　各旗县耕地承载潜力系数

经测算，呼伦贝尔市耕地承载潜力系数 R_1 为 0.86，境内耕地完全可以满足地区人口所需。全市 14 个旗县，超载地区为满洲里市（含扎赉诺尔区）、根河市、新巴尔虎右旗和海拉尔区。其余市县均处在允许承载范围内，即不考虑外运条件下，耕地完全可以满足区域内人口所需。超载较为严重地区为满洲里市及根河市，承载潜力系数为 -10.78、-8.25，满洲里地处东北亚经济圈的中心，是欧亚第一大陆桥的战略节点和重要、快捷的国际大通道，是全国最大陆路口岸，为口岸城市，城市定位为发展口岸贸易及相关产业，人口与其他地区相比较为聚集，耕地承载能力较弱。根河市位于大兴安岭北段西坡、呼伦贝尔市北部，境内林木资源丰富，是国家和自治区木材主要产区，森林覆盖率达 91.7%，境内大部分土地类型为林地，耕地承载能力不高。

　　b　耕地资源现状丰富度

耕地资源现状丰富度（R_2）的评价是将区域人均耕地面积大小与人均耕地面积标准值进行对比来表征评价地区耕地资源的丰富程度。当 R_2 值大于 1 时，区域人均耕地面积高于人均耕地面积标准值，区域耕地资源属于富余状态，其值越大表示区域耕地资源越丰富；反之，若 R_2 值小于 1，则说明该地区耕地资源紧缺。

$$R_2 = \frac{S_g}{PV_2} \qquad (6\text{-}4)$$

式中，R_2 为耕地资源现状丰富度；S_g 为区域内现有耕地面积；V_2 为人均耕地面积标准值；P 为区域总人口。

耕地资源现状丰富度评价原始数据来源于内蒙古第三次土地调查数据、呼伦贝尔市统计年鉴等。人均耕地面积标准的确定，综合考虑国际、国家人均水平，参照内蒙古自治区人均耕地水平，确定人均耕地面积标准值为 4599 m^2。以 1 为界限值将耕地资源现状丰富度分为短缺和富余两类，当 R_2 大于 1，地区耕地资源相对丰富，反之则耕地资源短缺。

呼伦贝尔市各旗县耕地丰富程度统计见表 6-19。

表 6-19 呼伦贝尔市各旗县耕地丰富程度统计

行政区名称	耕地面积/公顷	人口/人	耕地资源现状丰富度 R_2
海拉尔区	36244.79	284434	0.28
阿荣旗	351048.75	320562	2.38
莫力达瓦达斡尔自治旗	582105.47	320320	3.95
鄂伦春自治旗	326284.78	252113	2.81
鄂温克族自治旗	66344.58	138672	1.04
陈巴尔虎旗	104524.68	55955	4.06
新巴尔虎左旗	44801.04	42156	2.31
新巴尔虎右旗	2107.27	35190	0.13
满洲里市（含扎赉诺尔区）	3184.27	171716	0.04
牙克石市	175225.44	331099	1.15
扎兰屯市	219188.78	409048	1.17
额尔古纳市	189436.48	80640	5.11
根河市	2652.75	137269	0.04
呼伦贝尔市	2103149.08	2579174	1.77

各旗县耕地资源丰富度如图 6-25 所示。

经测算，呼伦贝尔市耕地资源较为丰富，所辖旗县的耕地资源丰富度多数大于 1，耕地资源紧缺地区为海拉尔区、新巴尔虎右旗、满洲里市、根河市。其中满洲里市与根河市耕地最为紧张，指标测算值为 0.04，受地区发展定位、资源富集特点等因素影响，该地区耕地资源相对较为短缺。

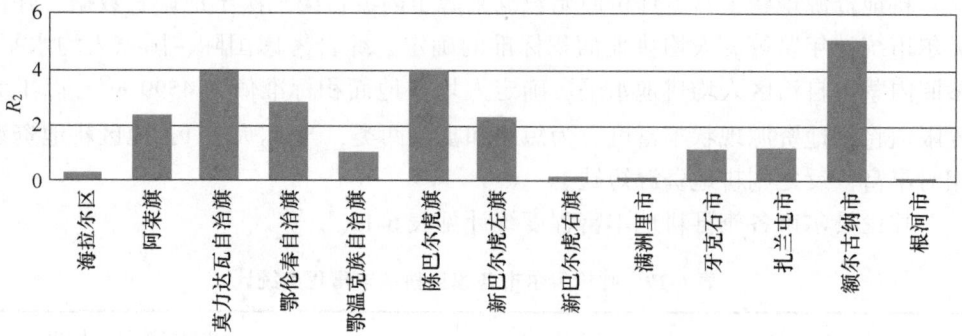

图 6-25 各旗县耕地资源丰富度

B 建设用地潜力

以第三次土地调查数据为基础，对比分析呼伦贝尔市下辖旗县土地开发强度与可开发潜力，明确各旗县目前所处开发阶段，并给出定性结论。计算方法如下所述，其中开发潜力基数将依据自治区主体功能区规划，通过咨询专家，确定呼伦贝尔市各旗县土地开发潜力基准值 A_i（i 为区域所辖旗县数），从地区建设用地潜力、耕地保有量、湿地保护率方面对其进行修正，修正系数分别为 α、β、γ。土地开发强度系数 K 等于 1 时为预警值；当 K 值大于 1 时，地区建设用地规模严重超标，并已经影响当地经济、社会、生态的和谐发展，应严格限制地区土地建设开发利用；当 K 值小于 1 时，地区建设用地开发利用处于合理发展区间。K 值越接近 1，显示地区建设用地发展空间越小。

$$K = P_1/P \tag{6-5}$$

式中，K 为土地开发强度系数；P 为土地开发潜力；P_1 为土地开发强度。

$$P = A\alpha\beta\gamma$$

$$\alpha = \frac{S_j}{S_总}, \ \beta = 1 - \frac{S_g}{S_总}, \ \gamma = 1 - \frac{S_s}{S_总} \tag{6-6}$$

式中，A 为开发潜力基准值；α、β、γ 为修正系数；S_j 为适宜建设土地面积；S_g 为耕地保有量；S_s 为湿地面积；$S_总$ 为土地总面积。

相关指标测算结果，呼伦贝尔市各旗县开发强度系数 K 均小于 1，各地建设用地开发利用处于地区承受阈值范围，没有突破各地限值。其中建设用地开发利用处在高位的是满洲里市和海拉尔市，K 值分别为 0.83 和 0.56，特别是满洲里市（含扎赉诺尔区），建设用地开发拓展空间不大，建议今后地区建设用地开发利用侧重于内涵挖潜；其余各旗县（市、区）土地开发强度系数均处在低位，低于允许限值的 30%，且多数不足 10%，处在发展期，具有较为充足的拓展空间。

呼伦贝尔市土地开发强度统计见表 6-20。

表6-20 呼伦贝尔市土地开发强度统计

行政区名称	开发潜力基准 A_1 /%	宜建土地面积/公顷	修正系数 α	耕地保有量/公顷	修正系数 β	湿地面积/公顷	修正系数 γ	开发强度临界值/%	土地开发强度/%	开发强度系数 K
海拉尔区	20.00	98770.16	94.62	22336.73	80.42	19012.18	85.53	13.02	7.31	0.56
阿荣旗	10.00	622230.90	89.70	308839.58	78.07	82335.02	92.57	6.48	1.20	0.19
莫力达瓦达斡尔自治旗	10.00	476972.75	67.77	429732.4	70.15	95143.20	90.81	4.32	1.00	0.23
鄂伦春自治旗	10.00	2526313.21	92.58	347573.77	96.46	497813.38	86.37	7.71	0.21	0.03
鄂温克族自治旗	15.00	1452807.20	94.76	9070.75	99.49	183238.41	90.18	12.75	0.63	0.05
陈巴尔虎旗	15.00	1365481.95	87.71	57606.73	96.76	172935.80	90.09	11.47	0.49	0.04
新巴尔虎左旗	15.00	1344063.88	83.18	19338.52	99.11	178070.70	91.14	11.27	0.22	0.02
新巴尔虎右旗	15.00	1953000.79	92.68	320.7	99.99	83294.31	96.65	13.43	0.30	0.02
满洲里市（含扎赉诺尔区）	20.00	66534.47	91.89	1415.77	98.97	6526.86	91.12	16.57	13.72	0.83
牙克石市	15.00	1331744.77	56.14	118928.33	95.88	471702.81	83.03	6.70	0.51	0.08
扎兰屯市	15.00	973974.97	73.18	211238.79	89.35	108338.91	93.55	9.18	0.89	0.10
额尔古纳市	10.00	610332.60	30.22	179968.29	94.68	221395.91	92.35	2.64	0.22	0.08
根河市	10.00	444522.93	26.26	1782.95	99.95	352670.73	82.38	2.16	0.26	0.12

注：根据内蒙古自治区主体功能区规划，呼伦贝尔市旗县定位分别在自治区重点开发区和限制开发区。考虑国际惯例，30%是一个地区国土开发强度的极限，经咨询相关专家，确定各旗县开发潜力基准。

6.3.5.2　土地资源开发、利用、保护分析评价

根据全国土地资源调查监测数据分析评价指标体系，以呼伦贝尔市为例，开展土地资源开发利用与保护评价实证研究。通过指标量化处理，采用层次分析法、综合加权模型等数学方法，量化呼伦贝市下辖旗县土地资源开发利用保护程度。

A　指标体系

根据全国土地资源调查监测数据指标体系，综合考虑基础数据的可获得性，建立呼伦贝尔市土地资源开发利用与保护评价指标体系（见表6-21）。

表 6-21　呼伦贝尔市土地资源开发利用与保护评价指标体系

指标准则层	指标评价层	指标解释	备注
土地资源 开发程度	土地开发强度	建设用地面积/区域土地总面积×100%	绝对值（负向）
	垦殖指数	耕地面积/区域土地总面积×100%	绝对值（正向）
	永久基本农田面积比例	永久基本农田/耕地保有量×100%	绝对值（正向）
	城镇开发边界面积比例	城镇开发边界/区域土地总面积×100%	绝对值（负向）
	水资源开发利用率	水资源开发利用量/水资源储量×100%	绝对值（正向）
	用水总量	调查统计数据	绝对值（正向）
土地资源 集约利用 程度	万元 GDP 占地面积	建设用地面积/地区生产总值（GDP）	绝对值（负向）
	单位固定资产投资消耗 新增建设用地量	新增建设用地面积/固定资产投资	绝对值（正向）
	单位人口增长消耗新增 建设用地量	新增建设用地面积/人口增长量	变化率（正向）
	空闲地占比	城乡空闲地面积/城乡建设用地面积× 100%	绝对值（负向）
	绿色矿山数量	调查统计数据	绝对值（正向）
	万元 GDP 水耗	总用水量/国内生产总值（GDP）	绝对值（负向）
土地资源 保护力度	耕地保有量完成率	耕地现有面积/耕地保有量×100%	（正数或负数）
	湿地保护率	受保护湿地面积/湿地总面积×100%	绝对值（正向）

B 指标权重

采用 AHP 法作为确定评价指标权重。AHP 法确定权重步骤：（1）明确问题并构建层次分析图；（2）构造判断矩阵，利用标度来表示各因素的相对重要性，进而对各个因素的定性分析做量化处理；（3）计算权重，运用方根法计算指标权重；（4）结果检验，通过计算 λ_{max}、CI 和 CR，验证指标权重并确定合理性。其中定义 $\lambda_{max} = \frac{1}{n} \sum_{i=1}^{n} \frac{(AW)_i}{W_i}$；$CI = (\lambda_{max} - n)/(n - 1)$；$CR = CI/RI$。

$$\begin{cases} M_i = \prod_{j=1}^{n} a_{ij} & i = 1, 2, \cdots, n \\ \overline{W}_i = \sqrt[n]{M_i} \\ W_i = \dfrac{\overline{W}_i}{\sum_{i=1}^{n} \overline{W}_i} \end{cases} \tag{6-7}$$

式中，W_i 为所求的指标权重。

指标重要等级标度见表 6-22。

表 6-22 指标重要等级标度

a_i 相对于 b_i	极其重要	强烈重要	明显重要	稍微重要	同样重要
量化值	9	7	5	3	1

运用 AHP 确定各项指标权重见表 6-23。

表 6-23 呼伦贝尔市土地资源开发利用与保护评价指标权重

指标准则层	权重	指标评价层	权重	最终权重
土地资源开发程度	0.25	土地开发强度	0.238	0.059
		垦殖指数	0.143	0.036
		永久基本农田面积比例	0.048	0.012
		城镇开发边界面积比例	0.238	0.059
		水资源开发利用率	0.190	0.048
		用水总量	0.143	0.036

指标准则层	权重	指标评价层	权重	最终权重
土地资源集约利用程度	0.33	万元 GDP 占地面积	0.150	0.049
		单位固定资产投资消耗新增建设用地量	0.250	0.083
		单位人口增长消耗新增建设用地量	0.200	0.066
		空闲地占比	0.150	0.049
		绿色矿山数量	0.100	0.033
		万元 GDP 水耗	0.150	0.05
土地资源保护力度	0.42	耕地保有量完成率	0.500	0.21
		生态保护红线面积比例	0.214	0.09
		湿地保护率	0.286	0.12

注：基于绿色发展理念，考虑呼伦贝尔市未来发展倾向及地区定位，全市土地资源开发、利用保护更倾向于低度开发、集约利用与高效保护为主，因此土地资源保护力度权重相应较大。

C 评价指标标准化

开展评价工作之前，将各评价指标标准化，予以消除量纲，使计算结果均在 [0，1] 之间。

$$x_i' = \frac{x_i - x_{\min}}{x_{\max} - x_{\min}}; \ x_i' = \frac{x_{\max} - x_i}{x_{\max} - x_{\min}} \tag{6-8}$$

式中，x_i' 为标准化值；$x_{\max}$、$x_{\min}$ 分别为指标数列最大值与最小值。根据指标正负特性选择量化公式。呼伦贝尔市土地资源开发利用与保护评价指标情况见表 6-24 和表 6-25。

D 评价结果

运用综合加权模型，计算呼伦贝尔市各旗县综合分值，并通过指标值判定旗县土地资源开发、利用与保护综合水平，用于指导今后地区土地资源的开发利用、保护等相关工作。

$$S = \sum_{n=1}^{i} W_i x_i' \tag{6-9}$$

式中，S 为综合评价分值；W_i 为对应评价指标权重；x_i' 为评价指标分值；i 为旗县个数。

表 6-24　呼伦贝尔市土地资源开发利用与保护评价指标初始值

行政区名称	土地资源开发程度					土地资源保护力度			
	土地开发强度/%	垦殖指数/%	永久基本农田面积比例/%	城镇开发边界面积比例/%	水资源开发利用率/%	用水总量/万立方米	耕地保有量完成率/%	生态保护红线面积比例/%	湿地保护率/%
海拉尔区	7.31	27.58	91.02	7.23		8753	1.62	8.73	2.74
阿荣旗	1.20	31.70	81.77	0.31		14419	1.14	43.28	74.52
莫力达瓦达斡尔自治旗	1.00	56.21	91.99	0.28		28120	1.35	11.66	14.13
鄂伦春自治旗	0.21	8.93	63.31	0.06		2478.4	0.94	67.33	63.73
鄂温克族自治旗	0.63	3.56		0.04		6643	7.31	65.42	77.80
陈巴尔虎旗	0.49	5.99	100.00	0.04		7678	1.81	57.46	43.23
新巴尔虎左旗	0.22	2.23	81.77	0.03		2462	2.32	63.30	71.78
新巴尔虎右旗	0.30	0.08	89.64	0.03		3621	6.57	82.45	83.96
满洲里市	13.72	4.33	63.31	10.20		4097.718	2.25	4.72	5.75
牙克石市	0.51	7.88	81.77	0.22		12822	1.47	70.39	67.11
扎兰屯市	0.89	10.44	89.64	0.26		16166	1.04	47.75	60.39
额尔古纳市	0.22	6.54	81.77	0.05		2501.41	1.05	65.40	62.91
根河市	0.26	0.13		0.07		1854.496	1.49	86.28	83.73

续表6-24

行政区名称	土地资源集约利用程度					
	万元GDP占地面积 /公顷·万元⁻¹	单位固定资产投资消耗新增建设用地量 /公顷·万元⁻¹	单位人口增长消耗新增建设用地量 /公顷·人⁻¹	空闲地占比 /%	绿色矿山数量 /个	万元GDP水耗 /m³·万元⁻¹
海拉尔区	0.0050	0.0035	1.2130	0.4372		45.52
阿荣旗	0.0129	0.0110	-10.3292	0.0071		139.30
莫力达瓦达斡尔自治旗	0.0110	0.0125	2.5783	0.0007		296.74
鄂伦春自治旗	0.0113	0.0126	-0.6518	0.0605		37.00
鄂温克族自治旗	0.0110	0.0264	-4.6856		1	62.93
陈巴尔虎旗	0.0094	0.0071	-3.6078	0.0627	2	85.22
新巴尔虎左旗	0.0179	0.0259	28.8100			101.36
新巴尔虎右旗	0.0128	0.0501	83.8660	2.2005	4	62.22
满洲里市	0.0042	0.0112	-6.6501	2.5304	1	17.18
牙克石市	0.0113	0.0115	-0.5444	0.1039		102.33
扎兰屯市	0.0094	0.0081	-0.8246			101.42
额尔古纳市	0.0141	0.0192	-5.6140	1.0623		55.35
根河市	0.0128	0.0010	-0.3066	2.7106	1	46.13

注：部分旗县单位人口增长消耗新增建设用地量指标出现负值，即旗县总人口相对减少，但建设用地面积仍有一定增加。

表6-25 呼伦贝尔市土地资源开发利用与保护评价指标标准值

行政区名称	土地资源开发程度							土地资源集约利用程度					土地资源保护力度		
	土地开发强度	垦殖指数	永久基本农田面积比例	城镇开发边界面积比例	水资源开发利用率	用水总量	万元GDP占地面积	单位固定资产投资消耗新增建设用地量	单位人口增长消耗新增建设用地量	空闲地占比	绿色矿山数量	万元GDP水耗	耕地保有量完成率	生态保护红线面积比例	湿地保护率
海拉尔区	47.40	48.99	91.02	29.18	53.49	26.26	94.35	5.05	100	83.87		89.86	10.73	4.92	
阿荣旗	92.62	56.33	81.77	97.22	4.09	47.84	36.80	20.36		99.74		56.32	3.10	47.28	88.38
莫力达瓦达斡尔自治旗	94.11	100	91.99	97.49	10.46	100	50.84	23.37	98.53	99.97			6.52	8.51	14.02
鄂伦春自治旗	100	15.76	63.31	99.68	0	2.38	48.56	23.68	10.41	97.77		92.91		76.76	75.09
鄂温克族自治旗	96.90	6.19		99.86	2.34	18.23	50.16	51.81	6.07	100	25	83.64	100	74.43	92.42
陈巴尔虎旗	97.94	10.52	100	99.86	7.52	22.17	62.14	12.52	7.23	97.69	50	75.66	13.74	64.67	49.85
新巴尔虎左旗	99.93	3.82	81.77	100	1.82	2.31		50.70	58.45	100		69.89	21.61	71.83	85.01
新巴尔虎右旗	99.31			99.98	7.09	6.73	37.33	100	11.11	18.82	100	83.89	88.34	95.31	100
满洲里市		7.57			100	8.54	100	20.81	3.96	6.65	25	100		20.55	3.70
牙克石市	97.77	13.90	81.77	98.16	1.54	41.76	48.55	21.40	10.52	96.17		69.54	8.39	80.52	79.26
扎兰屯市	94.92	18.45	89.64	97.73	3.37	54.49	62.12	14.53	10.22	100		69.87	1.55	52.76	70.99
额尔古纳市	99.90	11.50	81.77	99.82	0.33	2.46	27.84	37.17	5.07	60.81		86.34	1.79	74.40	74.08
根河市	99.62	0.09		99.59	0.14	0.14	37.04		10.78		25	89.64	8.61	100	99.72

注：综合考虑指标的正负变化情况，运用对应公式予以标准化处理；其中单位人口增长消耗新增建设用地量，指标值有正负两种情况，需先将负向指标正向化处理后再运用公式进行标准化。

呼伦贝尔市土地资源开发利用与保护综合评价分值情况见表6-26。

表6-26 呼伦贝尔市土地资源开发、利用与保护评价结果

行政区名称	综合分值	土地资源开发程度评价分值	土地资源集约利用程度评价分值	土地资源保护力度评价分值
海拉尔区	0.338	0.435	0.615	0.064
阿荣旗	0.428	0.648	0.340	0.369
莫力达瓦达斡尔自治旗	0.398	0.806	0.482	0.091
鄂伦春自治旗	0.436	0.532	0.439	0.379
鄂温克族自治旗	0.685	0.508	0.517	0.924
陈巴尔虎旗	0.439	0.580	0.449	0.350
新巴尔虎左旗	0.515	0.527	0.522	0.505
新巴尔虎右旗	0.707	0.498	0.582	0.932
满洲里市	0.232	0.213	0.395	0.113
牙克石市	0.462	0.588	0.396	0.441
扎兰屯市	0.421	0.612	0.405	0.324
额尔古纳市	0.413	0.535	0.366	0.380
根河市	0.424	0.475	0.237	0.542

根据计算分值，咨询专家将评价分值划分为四档，即差、中、良、优。对应关系见表6-27。

表6-27 评价分值与结果对应关系

评价分值	(0, 0.3]	(0.3, 0.5]	(0.5, 0.7]	(0.7, 1]
评价结果	差	中	良	优

全市范围内仅有新巴尔虎右旗综合评价分值处在"优"等级，分值为0.707，其余大部分旗县（市、区）处在"中"等级，而满洲里市则处在"差"等级，评价分值仅为0.232，全市土地资源开发、利用与保护工作还需要进一步加强；土地资源开发程度评价，全市仅莫力达瓦达斡尔自治旗处在"优"等级，其余大部分市县处在"良"等级，满洲里市开发程度评价分值仍旧不高，处在

"差"等级;土地资源集约程度评价,大部分地区处在"良""中"等级,根河市较差处在"差"等级,整体集约利用水平还有待于进一步提升;土地资源保护力度评价,各旗县(市、区)等级参差不齐,4个等级均涉及,区域保护情况及效果差异明显,为体现生态保护,绿色发展理念,呼伦贝尔市各旗县(市、区)均应加强土地资源保护力度。

6.3.5.3 土地资源协同性评价分析

从呼伦贝尔市各类土地资源之间,土地资源与社会、经济之间两个层面进行协调性评价分析。

A 土地资源之间协调性评价分析

从耕地、森林、草地、水、湿地等各类土地资源出发,分析呼伦贝尔市耕地、林、草、湿地和水资源之间的区间配比关系,评价空间协调性。采用水土匹配系数、洛伦茨曲线、基尼系数量化评价全市旗县空间水土资源协调匹配情况。其中水土匹配系数 $K = W_{水}/S_{(耕地、林草、湿地)}$,是指区域内平均每公顷耕地、林地、草地等农业空间占有的水资源量,反映区域内水资源和农业空间内土地资源的组合状况以及水对耕林草的满足程度。水土匹配系数越大,能够用于该区域的农业水资源就越丰富,对区域内耕、林、草的满足程度就越高,越有利于农业空间的生产;系数越小,能够用于农业的水资源量就越匮乏,往往成为农业健康发展的制约性条件。

洛伦茨曲线由经济学领域引入,利用频率累计数反映不平等程度,通过计算呼伦贝尔市各旗县水资源总量与耕地、林地、草地和湿地的水土匹配系数,将地区水土匹配系数按照从小到大排序;分别计算水资源量、耕地、林地、草地、湿地面积的累积百分比,以耕地、林地、草地和湿地面积的累计百分比为 x 轴,水资源量的累计百分比为 y 轴,拟合绘制出耕地、林草、湿地与水资源匹配的洛伦茨曲线,直观显示呼伦贝尔地区下辖旗县水资源与耕地、林草、湿地资源空间分布的均衡情况。并在此基础上量化描述曲线与绝对平均之间面积比值 G 即基尼系数,直观反映出差距大小。曲线越趋于 $y=x$,则空间水土资源匹配越均衡,水土资源区域协调性越好,即基尼系数 G 越小;反之空间水土资源匹配差异越大,水土资源区域协调性越差,基尼系数 G 越大。

$$G = \sum_{i=1}^{n-1} (M_i P_{i+1} - M_{i+1} P_i) \tag{6-10}$$

式中,G 为基尼系数;M_i 为第 i 个旗县(市、区)的水资源总量累计百分比;P_i 为第 i 个旗县(市、区)的耕地、林草、湿地面积累计百分比;i 为旗县(市、区)个数。

参考经济领域,设定 G 值评价指标。基尼系数与评价结果对应关系见表6-28。

表 6-28 基尼系数与评价结果对应关系

基尼系数	<0.2	0.2~0.3	0.3~0.4	0.4~0.5	>0.5
评价结果	绝对平均	比较平均	相对合理	差距较大	差距悬殊

通过呼伦贝尔市 13 个旗县（扎赉诺尔区含在满洲里市内）的耕地、林地、草地、湿地、水资源总量数据收集、汇总，运用公式计算呼伦贝尔市耕地、林地、草地、湿地与水资源总量匹配情况。呼伦贝尔市水土匹配情况见表 6-29。全市耕地、林草、湿地与水资源总量空间匹配情况即洛伦茨曲线详见图 6-26。

表 6-29 呼伦贝尔市水土匹配情况

行政区名称	耕地、林地、草地、湿地面积/公顷	水资源总量/万立方米	水土匹配系数 K/万立方米·公顷$^{-1}$
海拉尔区	118112.03	9054.01	0.08
阿荣旗	1059501.05	189690.67	0.18
莫力达瓦达斡尔自治旗	965324.39	147312.53	0.15
鄂伦春自治旗	3618023.54	1137082.74	0.31
鄂温克族自治旗	1801147.14	149485.37	0.08
陈巴尔虎旗	1642891	55730.71	0.03
新巴尔虎左旗	1851038.07	70078.82	0.04
新巴尔虎右旗	2220004.69	27842.29	0.01
满洲里市（含扎赉诺尔区）	59276.33	2269.71	0.04
牙克石市	2751031.49	426826.90	0.16
扎兰屯市	1583164.29	256658.46	0.16
额尔古纳市	2868498.92	304170.74	0.11
根河市	1983571.04	385692.50	0.19
基尼系数	0.378		

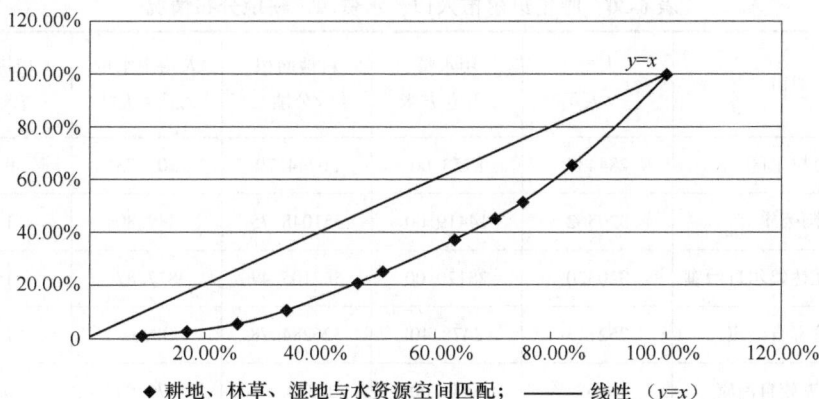

图 6-26 呼伦贝尔市水土资源空间配比情况

呼伦贝尔市水土匹配系数 K 较高地区为鄂伦春自治旗，K 值为 0.31，区域内单位面积耕、林草、湿地匹配的水资源量较高，农业、生态可用水量丰富；K 值较低地区为新巴尔虎右旗和陈巴尔虎旗，K 值为 0.01 和 0.03，考虑地区耕、林草、湿地面积，特别是耕地和林草面积相比较大，然而地区水资源量并不属于呼伦贝尔市资源丰沛地区，致使水土匹配系数相对较低，其农业生产与生态用水满足程度不高。

图 6-26 显示呼伦贝尔市水土资源空间匹配均衡情况，直线 $y=x$ 表示各旗县水土资源空间匹配完全均衡（理想状态），曲线表示地区水土空间匹配洛伦茨曲线，曲线偏离 $y=x$ 程度越大，显示地区水土空间匹配差异明显，越不均衡，水土的空间协调性相对较差。通过添加拟合趋势曲线：

$$y = 2.242x^4 - 4.453x^3 + 3.933x^2 - 0.782x + 0.056, R^2 = 0.999 \qquad (6-11)$$

计算基尼系数 G 为 0.378，处在 0.3~0.4 之间，可认为呼伦贝尔市水土资源空间匹配程度相对均衡，空间协调度处在合理区间，但 0.378 较为接近 0.4 的合理性限值，建议地区耕地、林地、草地资源开发利用需深入研究考虑水资源利用情况，以水定地，促进土地资源利用区域协调，避免空间水土配比差距继续扩大，继而产生新的土地资源利用矛盾。

B　土地资源与人口协调性评价分析

选取呼伦贝尔市各旗县耕地、用水量、人口数据，采用洛伦茨曲线、基尼系数量化评价全市各旗县空间人口与耕地资源、人口与水资源协调匹配情况。

分别将地区人均耕地面积、人均水资源量按照从小到大排序；计算全市人口、用水量，耕地面积的累积百分比，分别以人口的累计百分比为 x 轴、水资源量（耕地面积）的累计百分比为 y 轴，拟合绘制出耕地、用水量与人口匹配的洛伦茨曲线，并求取基尼系数。呼伦贝尔市人口、水资源、耕地分布情况见表 6-30。

表 6-30 呼伦贝尔市人口、水资源、耕地分布情况

盟市	人口/人	用水量/万立方米	耕地面积/公顷	人均用水量/m³·人⁻¹	人均耕地面积/公顷·人⁻¹
海拉尔区	284434	8753.00	36244.79	307.73	0.13
阿荣旗	320562	14419.00	351048.75	449.80	1.10
莫力达瓦达斡尔自治旗	320320	28120.00	582105.47	877.87	1.82
鄂伦春自治旗	252113	2478.40	326284.78	98.31	1.29
鄂温克族自治旗	138672	6643.00	66344.58	479.04	0.48
陈巴尔虎旗	55955	7678.00	104524.68	1372.17	1.87
新巴尔虎左旗	42156	2462.00	44801.04	584.02	1.06
新巴尔虎右旗	35190	3621.00	2107.27	1028.99	0.06
满洲里市（含扎赉诺尔区）	171716	4097.72	3184.27	238.63	0.02
牙克石市	331099	12822.00	175225.44	387.26	0.53
扎兰屯市	409048	16166.00	219188.78	395.21	0.54
额尔古纳市	80640	2501.41	189436.48	310.19	2.35
根河市	137269	1854.50	2652.75	135.10	0.02
人口与水资源基尼系数 G		0.308	人口与耕地资源基尼系数 G		0.447

图 6-27 显示呼伦贝尔市人口与水资源、人口与耕地资源空间匹配均衡情况，直线 $y=x$ 表示地区各土地资源与人口空间匹配完全均衡（理想状态），曲线 a 表示地区人口-耕地空间匹配洛伦茨曲线，曲线 b 表示人口-水资源空间匹配洛伦茨曲线，曲线偏离 $y=x$ 程度越大，显示地区人口-耕地（人口-水资源）空间匹配差异明显，越不均衡，空间协调性越差。通过添加拟合趋势曲线：

$$y = 4.006x^4 - 7.738x^3 + 5.489x^2 - 0.821x + 0.06,$$

$$R^2 = 0.999(人口-水资源) \tag{6-12}$$

$$y = 0.922x^4 - 1.092x^3 + 1.341x^2 - 0.176x + 0.006,$$

$$R^2 = 0.999(人口-耕地资源) \tag{6-13}$$

计算基尼系数 $G_水$ 为 0.308，$G_{耕地}$ 为 0.447，其中 $G_水$ 处在 0.3~0.4 之间，可认为

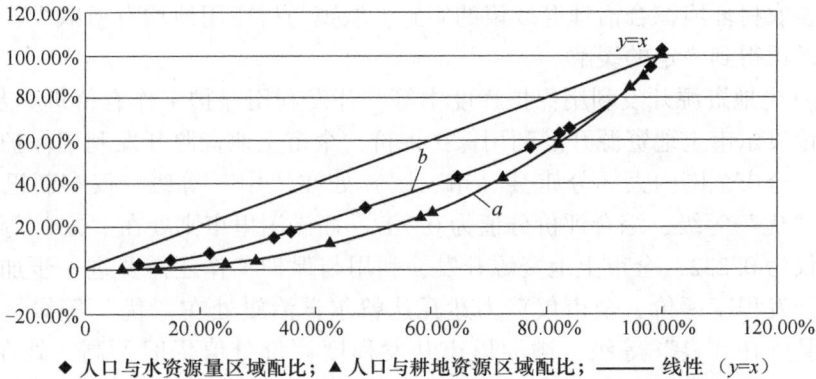

图 6-27 呼伦贝尔市耕地、水资源与人口空间配比情况

呼伦贝尔市人口与水资源空间匹配程度相对均衡，人口与水资源匹配的区域矛盾并不明显，空间协调度处在合理区间；$G_{耕地}$处在 0.4~0.5 之间，全市人口与耕地空间匹配差异明显，空间协调度处在差距较大区间，由于经济社会的发展，人口集聚主要受工业、第三产业及城镇化发展水平影响，地区耕地开垦量与拥有人口规模并不成正比，随着产业专业化、规模化、集聚化的发展，未来人口与耕地匹配的空间差异性将越来越明显，协调性也会越来越低。

6.4 主要结论

（1）呼伦贝尔市林草资源丰富，林草数量呈逐年减少趋势。呼伦贝尔市是我国北方重要的生态屏障，是国家木材战略储备和后备资源储备基地。呼伦贝尔市具有丰富的土地资源，其中，林草资源最为丰富。林草面积占全市土地面积的76.46%，林地、草地是呼伦贝尔市主要的土地利用类型，森林覆盖率及草原植被覆盖度均位于自治区前列，生态状况整体较好。但是，近十年间，林地、草地面积呈逐年减少趋势，林草资源保护形势严峻。

（2）耕地数量呈增长趋势，耕地质量有待进一步提高。2009~2019 年间，呼伦贝尔市耕地呈现整体增长趋势，所辖旗县的耕地资源丰富度多数大于 1，仅海拉尔区、新巴尔虎右旗、满洲里市、根河市等旗县（市、区）耕地资源相对紧缺。但全市优质耕地比例较低，仅为 16.22%，部分旗县（市、区）优质耕地比例为 0。因此，在保护耕地数量的同时，应重视耕地质量的提高，加大高标准农田建设、土地综合治理等项目投入，逐步实现耕地质量提升。

（3）城镇与村用地双增长趋势放缓，城乡建设用地矛盾有所缓解。2010~2015 年间，呼伦贝尔市城镇用地与村庄用地均呈现增长趋势，城镇化率提高的同时，村庄也在不断扩张。2015~2019 年间，通过城乡建设用地增减挂钩、工矿废弃地、农村环境综合治理等政策的实施，城镇与村庄用地均有所减少，城乡建设用地矛盾得到一定的缓解。

（4）土地资源开发利用保护程度中等，开发利用保护工作有待进一步加强。根据呼伦贝尔市土地资源开发利用保护评价，全市土地资源开发利用保护处于中等水平，全市范围内大部分旗县（市、区）处在"中"等级，仅有新巴尔虎右旗处在"优"等级，综合评价分值为0.707，而满洲里市则处在"差"等级，评价分值仅为0.232，全市土地资源开发、利用与保护工作还需要进一步加强；土地资源开发程度评价，全市仅莫力达瓦达斡尔自治旗处在"优"等级，其余大部分市县处在"良"等级，满洲里市开发程度评价分值仍旧不高，处在"差"等级；土地资源集约程度评价，大部分地区处在"良""中"等级，根河市较差处在"差"等级，整体集约利用水平还有待于进一步提升；土地资源保护力度评价，各旗县（市、区）等级参差不齐，4个等级均涉及，区域保护情况及效果差异明显，为体现生态保护、绿色发展理念，呼伦贝尔市各旗县（市、区）均应加强土地资源保护力度。

（5）呼伦贝尔市水资源丰富，水土资源空间配置相对均衡。呼伦贝尔市水资源丰富，人均水资源量约1.23万立方米。根据水土资源协同性评价，呼伦贝尔市水土资源空间匹配程度相对均衡，但空间协调度处在合理区间的上限边界，建议地区耕地、林地、草地资源开发利用需深入研究考虑水资源利用情况，以水定地，促进土地资源利用区域协调，避免空间水土配比差距继续扩大，继而产生新的土地资源利用矛盾。

（6）人口与水资源、耕地等资源空间匹配相对均衡。根据人口与土地资源协同协调性评价，呼伦贝尔市人口与水资源空间匹配程度相对均衡，人口与水资源匹配的区域矛盾并不明显，空间协调度处在合理区间；全市人口与耕地空间匹配差异明显，空间协调度处在差距较大区间，由于经济社会的发展，人口集聚主要受工业、第三产业及城镇化发展水平影响，地区耕地开垦量与拥有人口规模并不成正比，随着产业专业化、规模化、集聚化的发展，未来人口与耕地匹配的空间差异性将越来越明显，协调性也会越来越低。

7 完善土地资源调查监测的建议

（1）建立并完善土地资源监测体系。

土地资源监测是在一定时间和空间范围内，利用各种信息采集和处理方法，对土地资源状态进行系统的观察、测定、记录、分析和评价，以揭示区域土地资源变动过程中各种因素的关系和变化的内在规律，展现资源演变轨迹和变化趋势，其目的是为各级资源主管部门和政府提供宏观和微观的资源现状数据和动态变化数据。目前，自治区尚未建立统一的土地资源监测指标体系及权威的土地资源基础数据平台。应加快推进自治区土地资源监测系列相关工作，充分利用先进技术（遥感、无人机、定位系统等）对土地、水、矿产、草原、森林进行监测，使各类资源开发利用、保护做到科学合理；同时，在此基础上加强土地资源与生态环境监测和预警体系建设及管理工作，提高土地资源监测水平，为土地资源管理部门提供准确、及时的信息和依据，提升土地资源开发利用与保护服务水平。

（2）简化指标体系，增强可操作性。

根据《土地资源调查监测数据综合分析评价指标体系》，指标体系包括4个控制层、11个准则层、60项指标。但在实际工作中，产草量、乔木林单位面积蓄积量、Ⅰ~Ⅲ类水占水资源总量的比例、土地资源连通度、土地资源聚合度、单位面积生态功能变化率等23项指标无法获取基础数据，无法进行调查监测评价；部分指标调查测算获取后，在评价工作中可比性较差，如土地资源多样性指数，无法判别指标数值优劣性；还有单位人口增长消耗新增建设用地量等指标，由于人口负增长无法得出预期结果，使得指标没有可参考性。因此，建议在满足评价需求的基础上，尽可能简化指标体系，增强工作的可操作性。国家提供的土地资源调查监测数据综合分析评价指标体系涵盖调查、监测、评价三方面内容。实际工作发现，统一用一套指标体系，工作量较大且数据很难获取，而有些指标在监测中指征性意义并不十分明显，如土地资源面积、水资源总量、耕地面积占全国/全区的比例、森林面积占全国/全区的比例等；部分指标在评价中可比性较差，如土地资源多样性指数，无法比较区分区域优劣性。建议分阶段构建指标体系，在调查指标的基础上，进一步延伸形成指征意义明显、操作性强的监测指标体系和评价指标体系。

（3）构建差别化生态补偿机制。

目前，自治区生态修复与补偿机制在补偿范围、补偿标准、补偿方式等方面还不完善，在一定程度上影响土地资源节约集约利用、生态环境保护措施实施成效。分区域开展生态服务价值评估或者生态破坏损失评估工作，研究建立差别化生态补偿标准，在生态补偿价值上体现价格对资源开发利用的调节作用，使资源的价格充分反映要素的稀缺程度，促使各类资源的开发利用走上集约化道路；积极探索市场化的资源开发生态补偿模式，培育土地资源市场，使资源资本化、生态资本化，促使环境要素的价格反映它们的稀缺及重要程度，达到节约资源与减少污染双重效应；建立资源使用权、排污权交易等市场化的补偿机制，引导鼓励生态环境保护者和受益者之间通过自愿协商实现合理的生态补偿；建立生态恢复保证金制度，进一步完善矿山地质环境保护和土地复垦制度，形成国土综合整治和生态修复的长效机制。

（4）完善相关制度建设。

土地资源不仅是生态系统的重要部分，还是生态文明建设的物质基础、空间载体和关键要素，对各行各业都具有重要的支撑作用。面对资源约束、环境污染严重、生态系统退化的严峻趋势，中央将生态文明建设提高到了前所未有的政治高度，明确提出大力推进生态文明建设，努力建设美丽中国。其中，制度建设在整个生态文明体制改革中具有十分重要的地位和作用。在源头管控方面，加快推进自治区土地资源产权制度建设，并以资源核算为手段开展资源管理，推行土地资源有偿使用。以国土空间规划为契机，完善用途管制制度，覆盖整个国土生态空间，加强对草原、湿地、森林等土地资源的保护力度；过程监管方面，进一步完善资源节约集约利用标准与考评机制，约束政府干预资源配置行为，充分发挥市场在资源配置中的作用；健全责任追究及赔偿制度，依法依规严格追究破坏土地资源行为。同时，进一步完善已有相关制度，如自然保护区制度，采取措施继续加大保护区建设及资金、人员和设备投入，保护与管理好草原、森林、湿地、野生动植物等土地资源；继续推行土地资源生态保护制度，坚持用养结合，特别是在牧区，严格推行禁牧、休牧、划区轮牧和草畜平衡等制度，实现资源利用的可持续发展。

（5）进一步完善土地资源领域政策、法规体系。

政策和法制体系是有效保护土地资源和实现资源可持续利用的关键。建立行之有效的资源管理的政策法规，对保护土地资源及促进土地资源的合理利用具有极为重要的意义。经过多年发展，我国土地资源法律法规体系已基本建成，但在生态文明建设新形势下，相关法律法规还存在"缺""散""乱""旧"等问题。应根据各类土地资源合理开发、利用及保护需要，完善相关法律、法规及管理办法等，形成完整的法律法规体系，特别针对法律政策缺失的湿地立法，出台具体相关地方性规定。进一步推动土地资源综合立法，梳理土地资源相关物权关系，积极探索土地资源综合立法；严格按照法律规定管理资源开发利用行为，对于破坏土地资源及土地资源浪费行为严肃查处，坚决制止此类行为蔓延。

（6）加强宣传力度，增强资源合理利用及保护意识。

通过电视、报纸、广播及网络等媒体广泛宣传，科普土地资源的重要性及资源保护等相关知识，使人们充分了解自治区土地、水、草原、森林、湿地、矿产等土地资源的功能、效益及价值，逐步提高全民资源保护及资源节约集约利用意识，引导民众积极参与到土地资源保护工作当中；进一步加强对政府相关部门、企业的生态环境保护教育，在资源开发利用方面，深入贯彻以预防为主、防治结合、综合治理的环境保护方针，提高全社会的珍惜资源、合理利用资源、生态环境保护意识。

参 考 文 献

[1] 秦霏霏. 实施森林资源调查监测维护生态系统平衡 [J]. 吉林农业, 2017 (14).

[2] 万正华. 森林资源调查监测技术的现状及其发展分析 [J]. 绿色科技, 2018 (1).

[3] 吴雪琼, 李华, 崔文举, 等. 基于文献计量的我国森林资源调查现状分析 [J]. 林业资源管理, 2015 (2).

[4] 刘顺喜, 王忠武, 尤淑撑. 中国民用陆地资源卫星在土地资源调查监测中的应用现状与发展建议 [J]. 中国土地科学, 2013 (4).

[5] 刘瑞国, 王美珍, 郭淑晶, 等. 内蒙古自治区草地资源的基况介绍 [J]. 内蒙古草业, 2012 (3).

[6] 夏青. 森林资源调查监测技术的现状及其发展解析 [J]. 林业经济, 2019 (9).

[7] 王改莲, 庞云, 陈景芋, 等. 浅析内蒙古草地现状、退化成因及发展建议 [J]. 内蒙古农业科技, 2011 (2).

[8] 德佳硕, 龚婧窈, 余凯文. 内蒙古自治区水资源开发利用浅析 [J]. 中国水运, 2016 (10).

[9] 于丽丽, 唐世南, 陈飞, 等. 内蒙古自治区水资源开发利用情况与对策分析 [J]. 水利规划与设计, 2019 (7).

[10] 韩继荣, 田振环. 内蒙古湿地资源开发利用存在的问题及建议 [J]. 内蒙古林业调查设计, 2009 (10).

[11] 郑颖, 刘华民, 刘东伟, 等. 内蒙古湿地空间分布格局及动态变化研究 [J]. 环境科学与技术, 2016, 39 (12).

[12] 叶远智, 张朝忙, 邓轶, 等. 我国自然资源、自然资源资产监测发展现状及问题分析 [J]. 测绘通报, 2019 (10).

[13] 崔巍. 对自然资源调查与监测的辨析和认识 [J]. 现代测绘, 2019 (7).

[14] 郑瑞乾. 产业经济—社会发展—生态环境协调性分析——以上海市为例 [J]. 产业经济, 2018.

[15] 罗建玲, 王青. 资源、环境与经济的协调度测定 [J]. 西北农林科技大学学报 (社会科学版), 2011 (9).

[16] 屈晓娟. 区域环境与资源经济协调发展的定量分析研究 [J]. 环境科学与管理, 2017 (11).

[17] 周炳中, 包浩生, 彭补拙. 长江三角洲地区土地资源开发强度评价研究 [J]. 地理科学, 2000 (6).

[18] 常正乾. 区域水资源承载力概念及研究方法的探讨 [J]. 研究探讨, 2020 (1).

[19] 石强. 土地利用协调发展度评价研究——以江苏省为例 [D]. 南京: 南京农业大学, 2005.